통일로
가는 보훈

보훈공단
보훈교육연구원
보훈문화총서
05

통일로
가는 보훈

통일연구원·보훈교육연구원 기획

이찬수 김희정 임상순 이철 전수미 서운석 서보혁 지음

고유환 _ 통일연구원 원장

　통일 미래를 열어가는 정책 연구는 통일 한국의 정치 체제부터 통화정책, 언어교육, 대외정책 등 대단히 많은 과제를 다루고 있습니다. 국책연구기관인 통일연구원을 비롯해 많은 통일·북한 연구 기관들이 이런 주제들을 오랫동안 연구해 왔지만, 보훈 문제는 활발하게 다뤄 오지 않은 것이 사실입니다. 남북한의 보훈제도 비교연구나 통일과 보훈의 관계와 같은 기초적인 연구를 위해서도 통일 연구 기관과 보훈 연구 기관이 만날 필요성은 충분한데 늦은 감이 없지 않습니다.

　지난 2020년 11월 4일 통일연구원과 보훈교육연구원이 공동 기획·주최한 세미나 '보훈과 통일'은 매우 뜻깊은 자리였습니다. 세미나 결과를 보완해 두 기관 공동으로 단행본을 출간하게 되어 기쁩니다. 세미나와 출간을 기획해 주신 이찬수 보훈교육연구원 원장님과, 필자로 참여해 주신 전문가들께 감사와 축하를

드리는 바입니다.

　이 책에 수록된 다섯 편의 논문과 서론, 결론은 통일과 보훈의 관계에서부터 남·북한의 보훈제도를 이해하는 데 크게 유용합니다. 나아가 통일의 과정에서 혹은 통일 한국에서 필요한 보훈 정책 방향을 검토하는 데 건설적인 제안도 담고 있습니다.

　앞으로도 통일과 보훈이 상보적인 관계를 풍부하게 갖도록 통일 연구자들과 보훈 연구자들이 협업하는 기회가 많아지기를 기대해 봅니다.

이찬수_ 보훈교육연구원 원장

한국의 국가유공자는 크게 독립, 호국, 민주의 세 영역으로 나
닙니다. 이 가운데 절대다수는 호국유공자입니다. 전쟁에 참여
해 나라를 지키다 희생당한 분들입니다. 이들 없이 오늘의 한국
이 있었을 리 만무합니다. 이들을 포함한 국가유공자들의 희생
과 공헌을 기리고 그에 보답함으로써 공정한 국가공동체를 만들
어가는 과정이 보훈입니다.

이때 호국유공자 상당수가 6·25 전쟁 희생자들이라는 점에서
호국은 대북 적대성과 연계될 가능성이 큽니다. 그런데 보훈이
라는 것이 공정한 국가를 만들어가는 과정이기도 할뿐더러, 궁
극적으로는 독립된 통일 민족국가 건설이라는 상위의 가치와도
직결됩니다. 오늘 우리에게 북한은 통일로 나아가기 위한 상호
교류와 협력의 대상이기도 합니다. 남과 북은 여전한 적대성 속
에서도 궁극적으로는 통일과 평화로 나아가야 하는 이중 관계에

있는 것입니다. 당연히 보훈도 분단과 적대를 공존과 조화로 전환시킬 수 있어야 합니다. 한반도의 통일과 평화에 기여할 수 있어야 합니다. 보훈과 통일이 만나야 하는 이유가 여기에 있는 것입니다.

그런데 유감스럽게도 그동안 한반도의 평화를 지향하면서 북한의 보훈제도를 이해하려는 시도는 거의 없었습니다. 통일 연구자들도 북한의 보훈을 연구 과제로 삼은 적이 별로 없었습니다. 이러한 문제의식을 가지고 보훈교육연구원과 통일연구원이 공동으로 '보훈과 통일'을 주제로 세미나를 열고, 결과물을 한 권의 단행본으로 출판하게 되었습니다. 책의 규모와 관계없이 획기적인 일이 아닐 수 없고, 통일과 평화를 위한 의미 있는 작업이 아닐 수 없습니다.

보훈 연구자들이 통일을 다루고, 통일 연구자들이 보훈을 다루는 일이 활발해졌으면 좋겠습니다. 보훈이 한국 사회를 통합하고 한반도에 통일 국가를 세우는 데 기여할 수 있으면 좋겠습니다. 두 기관이 앞으로도 보훈과 통일 연구의 최일선에 설 수 있게 되기를 바라마지 않습니다. 이번 세미나의 기획과 출판을 함께해 주신 통일연구원 고유환 원장님과, 깊이 있는 발표와 토론을 함께해 주신 모든 분들께 진심으로 감사드립니다.

차례

통일로 가는 보훈

보훈, 통일에 기여하기 위하여

이 찬 수_보훈교육연구원 원장

보훈(報勳)은 '공훈에 보답한다'는 뜻이다. 「국가보훈기본법」(2005.05.31)에 따르면, "국가를 위하여 희생하거나 공헌한 사람의 숭고한 정신을 선양하고 그와 그 유족 또는 가족의 영예로운 삶과 복지 향상을 도모하며 나아가 국민의 나라사랑정신 함양에 이바지"하는 행위다(제1조). 국가를 위한 희생이나 공헌의 성격은 다음 네 가지 범주로 규정한다: "가. 일제로부터의 조국의 자주독립. 나. 국가의 수호 또는 안전보장. 다. 대한민국 자유민주주의의 발전. 라. 국민의 생명 또는 재산의 보호 등 공무수행"(제3조)

이러한 규정에 근거해 보훈을 '독립', '호국', '민주'라는 세 키워드로 이해하는 흐름이 생겼다. '사회공헌'까지 보태 넷으로 분류할 수도 있다. 보훈의 정신이 서너 가지 가치로 표현되어 오니까 나중에 기본법을 제정해 그 범주를 정리했다고 보는 편이 더 옳겠다. 독립, 호국, 민주 혹은 사회공헌을 위해 투신하다가 당한 희생에 국가가 물심양면으로 보답하는 과정이 보훈이다. 그동안

보훈정책은 세분화·구체화되었고, 예산도 확대되어 왔다.

그런데 좀 더 깊이 들여다보면 보훈의 구체화 과정에 문제가 없는 것은 아니다. 정책 하나하나의 문제라기보다는 보훈의 가치들 간 긴장과 갈등의 문제, 보훈에 대한 국민적 인식의 문제다. 두 가지 문제의식을 가지고 한국 보훈의 현실을 간략히 진단해 보자.

첫째 문제는 보훈의 주요 가치들인 독립, 호국, 민주 혹은 사회 공헌의 실제 내용이 서로 충돌하기도 한다는 데 있다. 가령 북한과의 전쟁 경험에서 출발한 '호국'의 가치와 다원성을 중시하는 대북 포용적 '민주'의 가치가 부딪치곤 한다. 이런 현상은 분단 국가이면서도 통일을 지향하는 한반도의 특수한 상황에 기인한다. 남과 북은 정치적 이념과 권력 구조가 달라 서로 적대하면서도, 통일 혹은 일치로 나아가기 위한 교류와 협력의 대상이기도 하다. 남과 북은 적대적 준국가 관계에 놓여 갈등하면서도, 오랜 역사, 언어, 문화적 동질성을 훨씬 크게 경험해 온 한 민족이다. 분리되어 있으나 합일을 지향하는 이중 관계에 있는 것이다.

그렇다면 전쟁과 같은 아픈 역사에 기반한 호국의 가치와 미래 지향적 민주 및 사회 공헌의 가치가 적절히 만나도록 해야 한다. 이들을 화학적으로 결합시키지 못하면 한반도는 분단으로 인한 소모적 갈등이 두고두고 지속될 것이기 때문이다.

독립과 관련한 가치가 구현되는 상황도 비슷하다. 원치 않게 일본의 식민지로 살아야 했던 역사적 경험과 이로부터 벗어나려 몸부림치던 선구적 희생의 자취가 공존하고 있는 것도 한국의 현실이다. 이른바 독립유공자는 선구적 희생에 대한 국민적 보답과 예우의 표현이지만, 같은 집안에서도 '피치 못할 친일'과 '그럼에도 반일'이 갈등하며 섞여 있는 것이 여전한 우리의 현실이다. 사회주의적 이념에 기반한 독립 운동과 정신을 분단 이후 강화된 호국적 이념과 조화시키는 일도 간단하지 않다. 어떤 가치에 중점을 두느냐에 따라 북한은 물론 미국 및 중국에 대한 태도도 크게 갈려서 정부가 외교적 균형을 잡기 어려운 것도 우리의 현실이다.

이것은 한반도에서 공정한 보훈정책이 얼마나 어려운지 잘 보여준다. 그러면서도 역설적으로 보훈이 사회통합과 국가공동체 건설에 기여하는 계기와 동력이 될 수 있다는 뜻이기도 하다. 보훈의 이름으로 독립, 호국, 민주유공자 및 보훈대상자를 지속적으로 발굴하고 선양하되, 그 과정에 벌어지는 갈등은 최소화해야 한다. 깊이 고민하고 성찰해서 독립, 호국, 민주의 가치를 화학적으로 조화시켜야 한다. 그렇게 사회통합을 이루고 국가의 공동체성을 구축해 가야 한다. 보훈교육연구원과 통일연구원이 협업해 통일을 지향하는 보훈의 문제를 담은 단행본을 출판하게 된 것도 이러한 문제의식의 발로다.

둘째 문제는 공훈에 보답하는 주체가 '국민'이라기보다는 '국가'라는 인식이 강하다는 것이다. 「국가보훈기본법」에서도 국가와 지방자치단체가 보훈정책을 시행하고 국민은 그에 협력해야 한다는 식으로 규정하고 있다.(제5조와 제6조; 제8조와 제9조 참조) 보훈의 전제가 '국가를 위한 희생과 공헌'이다 보니, '국가가 보답한다'는 인식이 먼저 생기는 경향이 있다. 논리적으로는 자연스럽게 느껴지지만, 이것은 자칫 보훈이 일반 시민과는 무관한 '그들만의 영역'이라는 인식을 심어주는 원인이 된다. 국가의 주체는 결국 국민임에도 불구하고, 보훈 행위에서 국민은 빠지거나 적당히 거리를 둬도 될 것 같은 이미지나 분위기가 형성되고 있는 것이다.

그러나 국가의 주체는 결국 국민이다. 보훈 행위와 일반 국민의 관계가 긴밀하도록 보훈의 사회 공동체적 의미를 더 심화·확장시킬 필요가 있다. 국민의 세금으로 정부(특히 국가보훈처)가 보답의 행위를 대신하지만, 공을 세우고 그 공에 보답하는 주체 모두 결국은 국민이다. 응당 정부는 국민의 눈높이에 맞춰 국민에게 먼저 다가가고 국민이 공감할 수 있는 정책을 계속 모색하며, 현대 사회에 어울리는 교육 콘텐츠를 개발하고 보급해야 한다. 무엇을 어떻게 하는 것이 보훈에 대한 국민적 기대치와 눈높이에 어울리는지 선제적으로 고민해야 한다. 보훈이 풀뿌리부터 자발적으로 문화화 하도록 시대에 걸 맞는 플랫폼을 제공해야 한다.

현 정부에서는 "든든한 보훈"을 슬로건으로 하고 있다. 오랜 군복무로 국가안보에 기여한 '제대군인'에 대한 지원을 강화하고, 보훈대상자들이 어디서든 불편 없이 진료받을 수 있도록 한국보훈복지의료공단 산하 보훈 종합병원들과 연계하는 '위탁병원'을 지역 곳곳에 확대하고 있다. 보훈대상자들을 연결고리로 국가와 국민을 든든하게 연결시키겠다는 취지의 정책이다. "따뜻한 보훈"을 모토로 한 적도 있다. 현장과 사람 중심의 보훈을 기반으로 국민과 함께 미래를 여는 정책을 펼치겠다는 것이었다. 모두 적절한 슬로건과 모토다. 국가-국민-국가유공자가 서로 연결되고 순환하는 체계를 만들어나가겠다는 취지에서 서로 통한다.

어떻게 하든 한국 보훈의 방향은 순국선열, 애국지사, 전몰군경, 전상군경 등 전통적인 국가유공자들을 예우하되(국가유공자

예우등에관한법률 제4조), 민주유공자와 사회공헌자는 물론 '국가사회발전특별공로자'와 같은, 시민사회에 좀 더 어울리는 유공자들을 적극적으로 발굴하는 방식으로 가야 한다(제4조). 보훈이 흔히 상상할 수 있는 전쟁이나 대북 적대적 이미지에서 벗어나 통일과 평화 지향적으로 나아가는 데 기여해야 한다. 국경 중심의 근대민족국가의 범주에 갇히지 말고 인간의 아픔에 공감할 줄 아는 보편적 인류애에도 호소해야 한다. 그렇게 세계가 축복할 수 있을 보훈정책의 모델을 한반도에서 만들어내야 한다.

그러면 국민은 국민대로 오늘의 삶을 누리는 데 기여한 이들을 위해 마음과 시간을 더 낼 수 있을 것이다. 가족이 다치면 가족이 돌보지 않던가. 희생은 없어야 하고 없을수록 좋지만, 만일 가족 중 누군가 아프면 가족이 치료하고 돌보면서 가정을 유지해 나간다. 국민이 국가를 위해 일하다가 다치면 그곳에 국민의 손길이 미칠 수 있어야 한다. 그런 문제의식을 가진 국민을 '시민'이라고 명명한다면, 보훈도 시민사회와 순환할 수 있어야 한다.

국가, 좁은 의미의 정부는 그렇게 될 수 있도록 치밀하고 진지한 고민을 해야 한다. 보훈 연구자들은 이러한 유기적 관계성을 따뜻한 철학으로 뒷받침해야 한다. 국가유공자와 보훈대상자를 위한 복지와 의료 정책에 첨단 인공지능과 다양한 빅데이터도

적절히 활용할 수 있을 것이다. 이렇게 희생과 아픔에 대한 인간의 원천적 공감력에 호소하면서 시민사회가 보훈을 자신의 과제로 삼을 수 있는 바탕을 다져야 한다. 그렇게 미래로 나아가고 세계와 소통하는 국가를 만들어야 한다. 보훈은 국가를 돌아가게 하는 근본 원리이다.

이러한 원리는 더 이상 누군가의 희생이 나오지 않아도 되는 안전하고 평화로운 국가와 세계가 이루어질 때까지 계속되어야 한다. 이러한 세계를 이루기까지 심층적인 의미에서 선제적으로 이루어가는 보훈, 이른바 '선제적 보훈'의 길을 걸어야 한다. 통일 지향의 보훈은 이를 위한 최적의 과제이다.

무엇보다 대북 적대성으로 이어지는 보훈의 이미지는 한반도의 갈등 상황을 해소하기 힘들다. 이런 문제의식을 가지고 이 분야의 대표적 공공연구기관인 보훈교육연구원과 통일연구원이 공동으로 '보훈과 통일 세미나'를 마련했다. 보훈교육연구원과 관계 맺고 있는 다섯 명의 연구자가 다양한 영역에서 보훈을 통일과 연결시켜 발제하고, 통일연구원과 관계 맺고 있는 다섯 명의 통일 연구자들이 통일 지향의 보훈에 응답하며 상보적 토론을 하는 방식이었다. 그 뒤 토론 내용을 반영해 발제문을 더 충실하게 보완한 뒤 한 권의 단행본으로 내놓게 되었다. 통일을 지향하는 보훈의 길, 한반도에서 사실상 처음으로 나온 글들이고, 처음으로 내딛는 의미 있는 발걸음이다.

한반도의 보훈이 무덤덤한 '그들'만의 이야기가 아니라 '우리'의 이야기가 되면 좋겠다. 인간의 얼굴을 한 따뜻하고 든든한 보훈이 되면 좋겠다. 그렇게 한반도의 통일과 평화에 기여하는 보훈이 되면 좋겠다.

북한 애국심의 의미와 성격 탐색

김 희 정_ 인하대학교 아동심리학과 초빙교수

1. 서론

애국심(愛國心)은 나라를 사랑하는 마음으로, 보훈의 핵심가치이다. 보훈은 국가를 위해 희생하고 공헌한 이들의 숭고한 애국적 정신과 행위에 대한 보답을 의미하기 때문이다. 애국심은 이러한 가치로 인해 근대국가가 형성된 이후 국가를 유지하고 지탱하기 위해 각 사회에서 중요하게 여겨졌으며 국민의 애국심은 사회통합과 국가발전의 원동력이 되기도 하며 국가적 위기를 극복하기 위한 주요한 동력으로 평가되기도 한다. 최근 코로나19로 인해 국가 간 이동과 교류가 제한되는 이른바 세계적인 단절의 시대에 들어서면서, 국가들은 자국 중심주의를 강화하고 전염병의 위기 앞에 국민들에게 애국심을 호소하기도 한다.

애국심은 기본적으로 감정의 일종이며, 사회문화적으로 다른 의미와 성격을 가질 수 있다. 사람이 어떤 감정을 학습하기 위해서 정서적 접근이 필요한데, 정서적 호소는 설득적인 대화에서 중요하며 특히 정치 사회적 이슈에서 강력한 힘을 발휘한다. 정서적 설득에서 드러나는 '정서적 코드'는 사회적으로 언제, 어디서, 누구를 향하여, 혹은 무엇을 향하여 적절히 느끼는 감정에 대한 일련의, 사회적으로 순환되는(circulating) 생각을 의미한다.* 그러므로 애국심을 고취하는 정서적 담화에는 각 사회의 정서적 코드가 담겨 있으며 이를 통해 대중에게 호소한다고 볼 수 있다. 애국심이 감정의 일종이므로 애국심은 각 문화와 사회의 영향을 받을 뿐만 아니라, 개인의 신체 심리적 요인에 따라서도 달라질 수 있다. 감정은 어떤 현상이나 사건을 접했을 때 마음에서 일어나는 느낌이나 기분으로 주관적인 영역이며, 이러한 감정은 사회문화적 원인뿐만 아니라 개인의 생리적·신체적·심리적 원인에 의해서도 발생할 수 있기 때문이다.

　남과 북이 다른 체제하에서 70년 이상 분단을 유지해 오는 과정에서 북한은 정치적 감정인 애국심의 의미와 성격에서 북

---

* Loseke, D. R. (2009). Examining emotion as discourse: Emotion codes and presidential speeches justifying war. The Sociological Quarterly, 50(3), 497-524.

한 사회만의 특징을 나타낼 것으로 예상해 볼 수 있다. 북한 사회의 폐쇄성, 수령제 정치체제 등에서 드러나는 애국심의 성격과 특징을 이해하는 것은 통일을 준비하는 과정에서 남북한 간의 상충되는 가치 갈등과 혼돈을 예방하고 해결하기 위한 방안을 마련한다는 점에서 의미가 있다. 지금까지 북한의 애국심 연구로는 김정일 애국주의, 남북한 애국심 교육, 애국주의 교양 등과 관련된 내용이 주로 다루어졌다. 그러나 북한의 애국심의 의미와 변화 그리고 성격 특징을 구체적으로 탐색한 연구는 드물다. 남북한의 애국심의 차이를 밝힌 「남북한의 애국심과 충성심」*은 남북한의 애국심의 의미를 살펴보고 그 차이를 밝힌 바 있으나 비교적 오래전 연구로 북한의 애국심의 변화와 최근 경향을 보여주기에는 한계가 있다. 본 연구에서는 이러한 필요성에 따라 북한 사회의 변화에 따른 애국심의 의미와 성격 특성을 탐색해 보고 이를 통해 애국심과 통일에 대한 함의를 도출하고자 한다.

이를 위해 본 연구는 북한자료센터 온라인 시스템에 탑재되어

---

* 임채욱, 「서울문화와 평양문화10: 남북한의 애국심과 충성심」, 『北韓』, 서울: 북한연구소, 1986년 7월호, 90~95쪽.

있는 1950년도부터 2018년까지 발간된 〈노동신문〉·〈민주조선〉에서 제목에 '애국심'이라는 단어가 들어간 기사를 분석 대상으로 하였다. 그 결과 총 381건이 검색되었으며, 연도별 검색 빈도를 확인하여 추이를 살펴보았다. 본 연구에서는 애국심을 애국주의와는 구별하여 '애국심'의 단어만을 분석하였다. 애국심과 애국주의는 영어로 동일하게 patriotism로 번역되지만 애국심을 '나라를 사랑하는 마음'의 감정으로 정의하는 한편 '애국주의'는 이러한 애국을 지향하는 사상 혹은 주장을 의미하는 것이기 때문에 그 뜻에 차이가 있다. 본 연구에서는 애국의 '감정'에 대해 주목하였다.

〈노동신문〉*은 일간신문이며 〈노동신문〉에서 내세운 정책은 각 하급기관에서 실천될 수 있도록 정책 해설과 학습이 강요되는 정치지도서의 역할을 수행하고 있다. 이른바 '당보'로 알려

---

* 북한 조선노동당 중앙위원회의 기관지로, 1945년부터 발간된 『정로』가 1946년 신민당 기관지인 『전진』을 흡수하여 〈로동신문〉으로 발간되었다. 북한의 공식 입장을 대변하는 매체로 잘 알려져 있는데, 당의 노선과 정책을 해설하고 사회와 인간을 혁명적으로 개조하며, 노동당의 조직 강화와 유일사상체계를 확립하는 것을 기본 임무로 한다. 일반 신문과 달리, 뉴스 전달보다는 선동의 목적이 강하다. 연중무휴 조간체제로 발행되며 사건사고와 광고가 없는 것이 특징이다.

진 〈노동신문〉은 조선노동당의 기관지로서 당의 입장과 견해를 표명하는 당의 목소리, 당의 대변자로 설명된다. 〈민주조선〉*은 1946년 창간된 북한정권의 기관지로 조선노동당의 기관지인 〈노동신문〉과 함께 북한을 대표하는 신문이다. 입법 및 행정기관의 기관지이면서도 중앙당 선전선동부의 지도통제를 받는다는 점에서 본 연구에서 살펴보고자 한, 북한 정권이 '애국심'을 어떻게 해석하고 또 정치, 사회, 문화적으로 활용하는지를 확인하는 데 적합한 문헌으로 판단하였다.

2. 북한에서 애국심의 의미

1) 애국심의 의미

애국심이란 자기가 속해 있는 국가를 사랑하고 그 사랑을 바탕으로 국가에 대하여 충성·헌신하려는 의식이나 신념으로** 애

---

* 『한국민족문화대백과』.

** Calhoun, C. J. (2002). Imagining solidarity: Cosmopolitanism, constitutional

국심의 표현에는 자발성이 전제된다. 헤겔은 1821년 저작인『법철학강요』에서 공동체 안에서 실현되는 자유를 강조하였다. 국가라는 인륜 안에서 자신의 자유가 구체적으로 실현될 수 있다는 신뢰가 애국심의 동기가 된다고 보았다.

헤겔은 1821년 저작인『법철학강요』에서 공동체 안에서 실현되는 자유를 강조하며 국가라는 인륜 안에서~동기가 된다고 보았다.* 결과적으로 나라를 사랑하고 국가를 위해 헌신하려는 마음이 강요되거나 억압에 의해 표현될 때 그것은 애국심의 자발성을 해치게 되고 애국심의 의미가 퇴색된다는 것이다. 헤겔에 의하면, 애국주의는 자유의 실현이 국가에서 실현된다는 신뢰의 감정과 기본 질서의 필요성에 대한 인식으로부터 동기화되고, 그것이 교육을 통해 습관화되었을 때 참된 애국주의가 된다고

---

patriotism, and the public sphere. Public culture, 14(1), 147-171.; Parker, C. S. (2010). Symbolic versus blind patriotism: Distinction without difference?. Political Research Quarterly, 63(1), 97-114.; 심성보, 「애국심과 민주주의가 결합된 민주시민교육-애국주의 논쟁을 중심으로」, 『초등도덕교육』 제34권, 2010, 한국초등교육학회, 253~290쪽.

* 장준호, 「독일에서 애국주의 개념과 변천: 애국주의 패러독스를 극복하는 헤겔의 인륜적 애국심과 현재의 유쾌한 애국심을 중심으로」, 『한독사회과학논총』 제22권 제2호, 한독사회학회, 2012, 85~106쪽.

하였다. 애국주의가 시민의 미덕이 되었을 때 그 공동체는 건강
하게 유지될 수 있다. 헤겔은 이러한 시민의 미덕을 '애국주의'라
고 정의했다. 자신의 자유가 여전히 국가 안에서 구체적으로 실
현된다는 신뢰와 사회의 질서가 건강히 유지되기를 바라는 기본
감정에서 유발되는 애국심을 진정한 애국심으로 평가하고 있다.

북한의 주체사상 역시 헤겔주의와 공통적으로 국가의 역할과
애국심의 중요성을 말하고 있다. 이것은 국가가 소멸될 것이라
고 보았던 마르크스의 생각과는 다르다. 북한에서는 애국심을
인민의 자발성과 자율성에 의해 발현되어야 하는 것으로 강조하
지만 이것이 실제 어떻게 구체적으로 드러나는지에 대한 탐색이
필요하다.

한편 애국심은 자기가 속한 공동체에 대한 충성된 감정이므로
근본적으로 국가에 대한 자부심과 연결된다. 국가적 자부심은
또한 외집단 폄하와 관련되는데, 사람들은 외집단보다 내집단을
선호하기 때문이다.* 즉 내집단 편견이 내집단 애정과 외집단 증
오 그리고 둘 다를 반영할 수 있다는 점에서, 특정 정치 사회문

---

* Tajfel, H., Turner, J. C., Austin, W. G., & Worchel, S. (1979). An integrative
theory of intergroup conflict. Organizational identity: A reader, 56, 65.

화적 맥락에서 이러한 애국심이 어떤 의미를 갖고 있으며 또 내
집단 구성원들에게 어떻게 다루어지는지를 살펴보는 것은 그 집
단의 다양한 면모를 이해하는 데 중요한 함의를 줄 수 있다.

　다문화 시대, 세계화 시대에 접어들면서 기존의 민족주의적
애국심의 한계와 문제점들이 지적되었고 이로 인해 애국심 역시
다른 애국심의 개념으로 분화하거나 확장되고 있다. 헌법 애국
심,* 세계시민적 애국심, 평화적 애국심** 등의 개념이 소개되거나
애국적 나르시시즘*** 등 새로운 개념의 반애국심 용어도 등장하
고 있다. 이러한 애국심 중에 인류의 보편적 가치에 부합하는 애
국심이 국수주의적 애국심으로 향할 때 생기는 문제점을 지적하
고 있다. 이처럼 애국심의 의미는 시대에 따라 또 사회문화적 환
경에 따라 변화되어 왔음을 알 수 있다. 북한에서 애국심의 의미

---

*　김진수, 송성민, 「통일 담론으로서 헌법 애국주의의 제안과 검증: 헌법 애국
　심과 통일의식의 관계 분석을 중심으로」, 『사회과교육』 제58권 제3호, 한
　국사회과교육연구학회, 2019, 173~190쪽.

**　심성보, 명지원, 「애국주의와 평화주의의 화해를 통한 평화적 애국심의 구
　성」, 『한국홀리스틱융합교육학회 학술대회』(자료집), 2015, 77~114쪽.

***　김하늘, 「한국 청년세대의 외국인 예능 프로그램 수용에 관한 비판적 연구:
　'애국적 나르시시즘'의 명명 가능성을 중심으로」, 한양대학교 석사학위논
　문, 2019.

는 무엇이며 그 의미에 어떤 변화가 있었는지 살펴보고자 한다.

2) 북한에서의 애국심

이 연구에서는 먼저 북한에서의 '애국심'과 '애국자'의 의미를 파악하고 시대별로 사전적 의미가 변화했는지를 살펴보았다. 구체적으로 북한의 연도별 『조선말사전』과 『현대조선말사전』을 검색하여 시기별로 살펴보았다. 다음으로 〈노동신문〉, 〈민주조선〉 등 북한 1차 문헌 및 간행물을 검색하여 나타난 '애국심'의 빈도수를 분석하고, 애국심 기사가 증가한 시기를 구분하여 각 시기의 애국심 기사와 북한의 국내외 상황과의 관련성을 탐색하였다. 마지막으로 애국심 기사의 빈도가 지속적으로 높게 나타난 김정은 시대 애국심의 성격과 특성에 주목하여 해당 시기에 나타난 애국심 관련 기사의 내용을 분석하였다.

이러한 연구를 수행하기 위해 다우니 왐볼트(Downe-Wamboldt)* 의 내용 분석 방법(content analysis)을 사용하였다. 우선 자료를 반

---

* Downe-Wamboldt, B, "Content analysis: method, applications, and issues," *Health care for women international,* vol. 13, no. 3, (1992), pp. 313~321.

복적으로 되풀이하여 읽으면서 자료 중에서 핵심 생각과 개념을 포함하는 의미 있는 문장들을 표시하였다. 다음으로 별도 표시한 문장들을 상호 연결하여 좀 더 추상성이 있는 문장이나 구로 분류하고, 하위주제로 범주화하였다. 마지막으로 범주화된 주제들을 다시 분석하고 통합하여 최종 주제로 도출하였다. 질적 연구방법의 신뢰도와 타당도를 확보하기 위하여 샌델로스키(Sandelowski)*가 제시한 질적 연구의 평가 기준인 신뢰성, 감사가능성, 적합성, 확인가능성을 고려하였다.

먼저 북한에서의 애국심의 의미를 살펴보기 위해서 북한의 국가관을 들여다볼 필요가 있다. 아래 김정일의 교시에서 드러난 것처럼 북한에는 "조국 = 수령"이라는 등식이 존재하므로 수령은 인민의 애국심이 향하는 주체이다.

위대한 령도자 김정일동지께서는 다음과 같이 지적하시였다.

『우리 인민에게 있어서 조국은 수령님이시며 수령님은 곧 조국

---

* Sandelowski, M. "The problem of rigor in qualitative research," *Advances in nursing science*, 8(3), (1986). pp. 27~37.

입니다』*

　북한에서는 국가주의적 애국심을 강조한다. 즉 모든 인간 생활을 국가 중심으로 생각하는 것이다. 그런데 국가의 이름은 "김일성조선"**이자 "위대한 태양의 나라 조선"으로, 수령을 의미하는 '태양'의 나라임을 밝히고 있다. 그러므로 "수령님의 위업을 대를 이어" '조선혁명'을 책임지고 빛내이게 하는 것은 북한 주민의 "숭고한 의무"이다. 북한은 주민들에게 국가의 주인의식을 고취시키기 위해 애국심을 강조하는 한편 '조선혁명을 책임지고' "수령님의 위업을 대를 이어 받들어나가야 하는" 명확한 목표를 제시하고 있다.

　다음 〈표 1〉은 북한 『조선말사전』 및 『현대조선말사전』에서 애국심, 애국자의 사전적 의미를 사전이 편찬된 시기 순서로 정리한 것이다. 1962년 사전에 따르면 애국심은 "제 나라를 사랑하는 마음", 애국자는 "제 나라를 사랑하며 제 나라를 위하여 투쟁

---

* 리광, '살아도 죽어도 당과 수령을 위하여', 〈로동신문〉, 1997년 4월 5일, 5면.

** 본사기자, 「뜨거운 애국의 마음을 지니도록」, 『인민교육』 2018년 제1호, 22쪽.

하는 사람"이다. 애국심의 뜻은 일반적인 의미로 보이며, 애국자의 경우에는 "제 나라를 사랑하는 사람"이라는 의미에 나라를 위해 무엇인가를 쟁취하고 견해가 다른 사람이나 집단 간에 싸우는 "투쟁"*의 행위를 추가하여 설명하고 있다.

1968년에는 애국심은 1962년과 달리 애국심의 대상에 "인민"이 추가되어 애국심의 대상이 확대되었다. 애국자의 뜻에서도 나라 이외에 "민족"이 추가되고 애국적 행위 대상이 "나라"에서 "조국과 인민"으로 변경 및 분화되었다. 또한 "열렬히"라는 단어가 추가되고 "목숨바쳐"가 추가됨으로써 애국자의 애국심 및 애국적 행위의 기준을 더욱 높였다고 볼 수 있다.

1988년에는 애국심을 설명하는 김일성의 교시가 내용에 포함되면서 애국심의 내용이 더욱 세밀하게 정의되며 강조되었다고 볼 수 있다. 구체적으로 "자기 조국의 강토, 력사, 문화에 대한 끝없는 사랑"으로 대상을 지정하며, "고향, 고향사람들에 대한 애착심, 자기 부모처자에 대한 사랑"으로 애국심의 표현 대상도 구체화하였다. 애국자의 의미는 1968년과 동일하게 유지되었다.

---

* 투쟁은 사회운동, 노동운동 따위에서 무엇인가를 쟁취하고자 견해가 다른 집단 간에 싸우는 일로 해석된다(『표준국어대사전』, 2020).

2007년에는 기존의 김일성 교시에 김정일 교시가 추가되면서 교시 내용으로 그 의미가 바뀌었다. 애국심의 대상에 있어 "사회 제도에 대한 애착"이 추가되었으며, "주체의 조국", "사회주의 내 조국" 등 주체, 사회주의를 강조하는 수식어가 추가된 것이 주요 변화이다. 행위 대상에서 "친우에 대한 사랑, 조국의 풀 한포기, 나무 한그루"가 추가되었고, 애국심의 행위 측면에서는 "소중히 여기고, 아끼고"라고 애국심의 발현되는 모습이 "구체적으로" 표현된다. 애국자의 의미는 1962년의 의미와 유사하게 회귀하였다. 즉 "수령과 당, 민족" 등의 대상이 빠지며, "조국과 인민을 위하여 목숨바쳐" 등 1968년 사전부터 강조하였던 내용이 삭제되었음을 알 수 있다.

2017년에는 2007년도와 모든 뜻이 동일한 가운데 "위대한 수령 김일성 동지께서는 다음과 같이 교시하시였다" 등을 추가하여 해당 의미가 김일성, 김정일의 교시 내용임을 명백히 하였다는 점 이외에는 이전 판과 동일한 내용을 유지하고 있다. 애국자의 뜻 역시 동일하게 사용하고 있다.

요약하면 북한에서 애국심의 의미는 일반적 의미에서 점차 김일성 및 김정일의 교시가 주요하게 작동하는 영역으로 변화되었음을 알 수 있다. 한편 애국심과 애국적 행위에 대한 기준이 "목숨바쳐"야 하는 높은 수준에서 "소중히 여기고, 아끼고 사랑하는" 수준으로 조정되었으며 애국심의 구체적인 행위와 영역 역시 매우 세밀하게 제시되는 것으로 바뀌었음을 확인할 수 있다.

〈표 1〉 북한의 '애국심'과 '애국자' 단어의 사전적 의미 변화

구분	사전적 의미
조선말 사전 (1962)	애국심(愛國心)【명】제 나라를 사랑하는 마음. ‖ 불타는 ~. / 그는 고문을 당하고 들어 올 때마다 류치장 속에서 왜놈들의 강포한 죄악을 폭로하고 갇힌 사람들에게 ~을 고취하였다. 애국자(愛國者)【명】제 나라를 사랑하며 제 나라를 위하여 투쟁하는 사람. ∣ 진정한 국제주의자로 되지 않고는 자기 조국을 사랑할 수 없으며 진정한 ~로 되지 않고는 프로레타리아 국제주의에 충실할 수 없다(김일성). / 우리들은 모두가 다 자기의 향로와 사회주의 조국을 사랑하는 열렬한 ~로 되어야 한다. / 과거 조선의 ~들은 조국의 광복을 위하여 백두의 밀림을 헤치고 장백의 준령을 넘으며 만난을 돌파하고 강도 일본 제국주의를 무찔러 이겼다.
현대조선말사전 (1968)	애국심[명] 나라와 인민을 사랑하는 마음. ‖ 불타는 ~. 애국자[명] 자기 나라와 민족을 열렬히 사랑하며 조국과 인민을 위하여 목숨바쳐 투쟁하는 사람.
현대조선말사전 (1988)	애국심[명] 『애국심은 그 어떤 추상적인 개념인 것이 아니라 자기 조국의 강토와 력사와 문화에 대한 끝없는 사랑이며 그것은 또한 자기 고향과 고향사람들에 대한 애착심, 자기의 부모처자에 대한 애정에서도 표현되는 것입니다. 애국심은 인간의 감정에서 구체적으로 살고 있으며 구체적으로 그 표현을 보게 됩니다.』(『김일성 저작선집』 1권, 제2판, 290쪽) 조국과 인민을 사랑하는 마음, 그것은 자기 조국의 강토와 력사와 문화에 대한 끝없는 사랑이며 또한 고향과 고향사람들에 대한 애착심, 자기 부모처자에 대한 사랑에서도 표현되는 것이다. 애국자[명] 수령과 당, 자기 나라와 민족을 열렬히 사랑하며 조국과 인민을 위하여 목숨바쳐 투쟁하는 사람

조선말대사전 (증보판) (2007)	애국심[명] 『애국심은 그 어떤 추상적인 개념인 것이 아니라 자기 조국의 강토와 력사와 문화에 대한 끝없는 사랑이며 그것은 또한 자기 고향과 고향사람들에 대한 애착심, 자기의 부모처자에 대한 애정에서도 표현되는 것입니다.』(『김일성 전집』 제13권, 472쪽) 『애국심은 조국에 대한 사랑의 감정이며 사회제도에 대한 애착입니다. 오늘 우리가 말하는 애국심은 주체의 조국에 대한 열렬한 사랑의 마음이며 참된 삶과 행복의 요람인 사회주의 내 조국을 세상에서 으뜸가는 나라로 빛내이려는 불타는 마음입니다』(『김정일 선집』 증보판 제11권 155쪽) 나라를 사랑하는 마음이며 사회제도에 대한 애착, 자기 조국의 강토와 력사와 문화에 대하여 끝없이 사랑하는 감정이다. 이 감정은 고향과 고향사람들에 대한 사랑, 자기 부모와 친척, 친우에 대한 사랑, 조국의 풀 한포기, 나무 한그루를 소중히 여기고 아끼고 사랑하는데서 구체적으로 표현된다. 애국자[명] 자기 나라를 사랑하며 자기 나라를 위하여 투쟁하는 사람.←매국자
조선말대사전 (증보판) (2017)	애국심[-씸](愛國心)[명] 위대한 수령 김일성동지께서는 다음과 같이 교시하시였다. (2007년 판과 내용 동일) 위대한 령도자 김정일동지께서는 다음과 같이 교시하시였다. (2007년판과 내용 동일) 애국자[-짜](愛國者)[명] 자기 나라를 사랑하며 자기 나라를 위하여 투쟁하는 사람. ‖ ~와 매국자.

자료: 북한 사전 자료를 토대로 연구자가 표 구성

3. 북한 애국심의 성격 및 특징

1) 북한의 시기별 애국심 강조 경향

(1) 연도별 애국심 기사 분포 현황

북한에서 애국심을 어떻게 강조해 왔는지를 살펴보기 위해 1950년부터 2018년 동안의 〈노동신문〉과 〈민주조선〉 신문 기사 중 제목에 애국심이 들어간 기사를 분석하였다. 본 연구의 분석 대상에 부합하는 389건의 기사를 연도별로 살펴본 결과 빈도 수에 차이가 나타났다. 애국심 기사의 수가 증가한 기간은 아래 〈표 2〉와 같이 1964-1966년, 1985-1986년, 1995년-2002년, 2003-2005년, 그리고 2011-2015년으로 이 기간을 중심으로 시기별 특징을 살펴보았다.

본 연구에서 애국심 관련 기사의 증가는 북한 정부가 주민들을 대상으로 애국심을 강조하는 정책이 강화됨을 의미하는 것으로 정의하였다. 이는 분석 자료인 〈노동신문〉 및 〈민주조선〉이 북한정권의 기관지로 입법 및 행정기관의 기관지이면서도 중앙당 선전선동부의 지도통제를 받는다는 점에서 북한 중앙 정부의 직접적인 정책의 일환으로 볼 수 있다고 판단하였기 때문이다.

〈표 2〉 1950년~2018년 '애국심' 기사수

연 도	'50	'51	'52	'53	'54	'55	'56	'57	'58	'59	'60	'61	'62	'63	'64
빈도수	3	4	2	1	3	2	1	0	0	0	1	0	1	1	4
연 도	'65	'66	'67	'68	'69	'70	'71	'72	'73	'74	'75	'76	'77	'78	'79
빈도수	6	29	2	0	2	0	0	3	1	1	2	0	3	0	0
연 도	'80	'81	'82	'83	'84	'85	'86	'87	'88	'89	'90	'91	'92	'93	'94
빈도수	0	2	2	1	0	5	5	0	0	1	1	2	0	1	0
연 도	'95	'96	'97	'98	'99	'00	'01	'02	'03	'04	'05	'06	'07	'08	'09
빈도수	3	3	3	3	4	6	4	5	27	21	20	11	11	12	9
연 도	'10	'11	'12	'13	'14	'15	'16	'17	'18	총빈도수					
빈도수	10	17	16	18	21	21	9	22	13	381					

　　북한 언론에서 연도별로 애국심 기사가 나타난 빈도를 측정
한 결과, 1983년부터 2017년까지 애국심 관련 키워드 빈도횟수
가 연도별 3회 이상 나타난 기간을 다음과 같이 구분하였다. 빈
도수가 급격히 상승하였던 1964-1966년, 소폭 상승하였던 1985-
1986년, 그리고 1차 상승기인 1995년-2002년, 급격한 상승기인
2003-2005, 2차 상승기인 2011-2015년이다.

(2) 애국심 기사 건수 상승 기간의 정세 분석

① 1964-1966년

이 시기는 애국심 기사가 급격히 상승하는 시기이다. 1964년 4개, 1965년 6건이었던 기사 수는 1966년 무려 29개까지 증가한다. 1966년에 검색된 29개의 기사 중 14개 기사는 동일한 문구의 구호 형태로 기사화되었다. 해당 구호의 형식이 일반적인 기사와는 차이가 있지만 북한자료센터 시스템에 기사로 탑재되어 있어 분석 개수에 포함하였다.

해당 구호를 구체적으로 살펴보면 "전체 근로자들이여! 국가 및 사회 재산을 극력 아끼고 절약하는 것은 나라와 인민을 사랑하는 고상한 애국심의 표현이다. 한 그람의 철, 한 오리의 실, 한 토막의 목재라도 더 절약하여 한 가지라도 더 많은 제품을 만들자!'라는 내용이다. 해당 구호가 담긴 기사는 1965년 처음 검색되었고 이후 1966년 1월 6일부터 1월 30일까지 약 한 달 동안 총 13회에 걸쳐 신문의 첫 면 상단에 실렸다. 이 구호 이외의 기사로는 1966년 기사에서는 철도종합공장 선반공, 제품의 질 등 생산 관련된 기사가 그다음을 차지하였고 그 이외에 산림 관련, 절약 등의 애국심 기사들도 등장하였다.

이 시기에 경제 및 생산 관련 애국심 기사가 집중적으로 등장한 것은 1950년대 북한의 경제적 성장일로의 시기에서 60년대 말의 침체기로 넘어가기 전 경제적 도약을 위한 노력의 일환으로 볼 수 있다. 북한은 1960년대에 들어 본격적인 개발 정책을 추진하면서 제1차 7개년 계획(1961-1967)을 실시한다. 이 시기는 중공업의 우선적 발전 및 경공업과 농업의 동시 발전이라는 전략을 채택하여, 생산성 향상을 위해 청산리 방식과 대안사업 체계 등 새로운 경제 관리 방식을 도입하는 시기이다. 그런데 1960년대는 한국 전쟁 이후인 1950년대 중후반 14%에 가까운 고성장을 이어가던 북한경제의 성장률이 크게 꺾이는 시기로, 이후 북한이 장기 저성장 국면에서 벗어나지 못하게 되는 시기의 출발점으로 평가되기도 한다.* 즉 1960년대 후반 경제-국방 병진 노선에 의한 경제위기와 침체기로 전환되는 과도기적 시기에 각 산업 및 노동 현장에서 국가 산업 발전을 위한 생산량 증대와 질 제고를 위한 각종 구호들을 전면에 내세우고 생산 현장을 독려한 것으로 판단된다.

② 1985-1986년

북한은 1970년대를 정치, 군사, 경제, 문화 등 모든 분야에서 대전성기로 강조한다.** 1970년대 이른바 '북한식 경제'가 등장하였고, 제2차 7개년계획(1978-84)에서 인민경제의 '주체화·현대화·과학화'를 표방하고 각종 생산목표를 제시하였다. 그러나 실제 이러한 북한의 평가에 대한 반론이 존재하는데, 실적 부진으

---

* '북한은 어쩌다 고성장을 멈췄나…14% 성장률 60년대 들어 급락', 〈국민일보〉, 2020.07.27.
http://news.kmib.co.kr/article/view.asp?arcid=0014846800&code=61141111&cp=nv

** 이창희, 「김정은은 왜 1970년대식 경제선동을 불러오는가?: 1970년대 북한 경제의 재고찰」, 『현대북한연구』 제17권 제3호(2014), 북한대학원대학교, 129~175쪽.

로 목표연도인 1984년이 지나도록 추진 결과를 발표하지 못하다가 1985년 2월 16일 뒤늦게 국가계획위원회 중앙통계국을 통해 계획이 완료되었다는 내용으로 단순 발표를 하게 된 것이 그 중거이다. 1985년은 김일성 주석이 "인민들이 흰쌀밥에 고깃국을 먹게 될 때 7차 당 대회가 가능하다"고 언급한 해이다. 그러나 실질적으로 이 시기부터 이미 주민들의 소비생활에 대한 욕구 충족 문제가 더 이상 미룰 수 없는 주요 과제로 대두된 것으로 보인다.*

한편 이 시기는 1985년 6월 9일자 〈노동신문〉에서 김일성은 공식적으로 '김정일 시대'라는 표현을 쓰게 되면서 김정일의 권력 기반을 강화하기 위한 노력이 가시화된 시기이다. 실제로 분석한 기사 내에서 1985년 〈뜨거운 애국심을 안고 향토를 꾸리는 사업에서 선봉대, 돌격대의 영예를 떨치자〉는 제목의 기사에서 처음으로 김일성과 김정일이 동시에 등장하였고,** 1986년 관련

---

* 〈북한의 경제계획과 실적〉, 『두산백과』(2020. 10. 28. 인출)
  https://terms.naver.com/entry.nhn?docId=1180408&cid=40942&category
  Id=39726

** 미상, '뜨거운 애국심을 안고 향토를 꾸리는 사업에서 선봉대, 돌격대의 영예를 떨치자', 〈로동신문〉, 1985년 6월 14일, 3면.

기사에서는 김일성 대신 당시 당중앙위원회 정치국 상무위원회 위원이며 비서의 직함을 가진 김정일의 교시를 중심으로 편성된 기사들이 여러 편 등장하였다. 이렇듯 이 시기 애국심 관련 기사의 증가는 김정일 시대를 맞이하여 새로운 권력기반을 구축하기 위해 애국심을 강조한 것으로 평가할 수 있다.

③ 1995년-2002년

이 시기는 애국심에 대한 기사가 1차적으로 상승한 시기이다. 북한은 1990년대 들어 경제 침체가 계속되면서 경제정책이 무력화되었는데, 그 배경에는 북한 체제의 비효율성과 부적절한 경제발전 전략, 그리고 사회주의권의 붕괴와 구소련 및 중국으로부터의 경제적·군사적 지원 감소라는 외부 충격 등이 존재한다. 특히 1994년 김일성의 사망과 1995년에 시작된 '고난의 행군'으로 불리는 국가적 대재난의 시기에 애국심 기사를 통해 인민의 애국심을 고취하여 국난을 극복하고 타개하려는 것으로 해석할 수 있다. 실제로 북한의 경제난이 여전히 극심했던 1999년 〈애국심이 낳은 자력갱생의 기풍〉*이라는 제목의 기사에서 "고난의 행군에 이어 강행군을 하는 어려운 조건에서도" 뜨거운 애국심으로 자력갱생의 정신을 높여 산림을 보호하고 산림자원을 늘인 사례와 농촌마을을 건설한 사례들을 소개하고 있다.

④ 2003-2005년

2003-2005년에는 애국심 기사 빈도가 급격히 상승하였다. 북한은 1990년대 장기적인 경기침체기를 지나 2000년대에 들어 생산 기반 확충을 위한 토지정리사업과 관개체계 개선사업을 추진하였으나 여전히 만성적인 식량부족 과제를 해결하는데에는 어려움이 있는** 상황이었다. 이러한 시기에 경제적 타격을 극복하기 위한 애국심 기사가 등장하였다.

구체적으로 2003년 실시된 인민공채 관련 기사가 〈노동신문〉 2003년 5월 1일, 5월 4일, 5월 25일, 6월 10일, 6월 22일 자로 5회 연속으로 검색된다. 인민공채는 발행재원 조달과 통화량 조절을

---

* 한원, '애국심이 낳은 자력갱생의 기풍', 〈로동신문〉, 1999년 1월 30일, 3면.
** 임상철, 「김정은 시대의 북한농업정책, 그 과제와 전망」, 『북한연구학회보』 제17권 2호, 북한연구학회, 2013, 268~296쪽.

목적으로 2003년 3월 26일 개최된 최고인민회의 제10기 6차 회의에서 발행을 결정하고, 5월 1일부터 2013년 4월 30일까지 만기로 발행되었다. 모든 기관, 기업소, 리, 읍, 구 동사무소에서 공채 협조 상무를 설치하고 인민생활공채 구매사업을 위해 이 사업에 모범을 보인 주민들을 우대하는 정책을 추진하였다. 그러나 심각한 외화난에 처해 있다는 방증인 해당 조치에도 인민공채의 판매 실적이 매우 저조했고[*] 이를 타개하기 위해 주민들의 인민생활공채 발행을 위해 애국심에 호소하였다. 예를 들어, 〈공채구매에 애국심을 바쳐가는 사람들〉,[**] 〈애국의 증표-인민생활공채〉,[***] 〈숭고한 공민적자각, 애국심의 발현〉[****] 등의 기사에서 인민생활공채의 발행이 각계층 인민들 속에서 계속 적극적인 지지와 찬동을 받고 있으며, 사회주의경제 건설에 필요한 방대한

---

[*] 이현기, '북한, 재정난 타개책으로 '인민공채' 발행의 궁여지책', 〈자유아시아방송〉 (검색: 2020.6.5.)

[**] 김영철, '공채 구매에 애국심을 바쳐 가는 사람들', 〈로동신문〉, 2003년 6월 10일, 4면.

[***] 김순홍, '애국심을 불러일으키는 인민생활공채', 〈로동신문〉, 2003년 5일 1일, 1면.

[****] 본사기자, '숭고한 공민적자각, 애국심의 발현', 〈로동신문〉, 2003년 5월 4일, 4면.

자금 수요를 원만히 보장하기 위하여 인민생활공채를 구입하는 숭고한 애국심의 필요성을 강조하고 있다.

특히 이 기사에서 발행한 인민생활공채는 "인민경제발전과 인민생활향상에 주민들의 유휴화폐자금을 일시 동원리용하기 위한 것이며 동원된 자금이 모두 나라의 부강발전과 인민들의 볼리증진"을 위한 것이므로 "자본주의 나라들에서 착취를 목적으로", "독점자본가들의 리윤추구의 수단으로, 침략전쟁을 위한 군비증강의 도구로서 그 상환금도 인민들에 대한 세금수탈을 통하여 마련되"는 공채와는 근본적으로 다르다고 설명하고 있다.

⑤ 2011-2015년

2011-2015년에는 기사 수치가 다시 한번 상승하였는데 이는 북한이 2011년 김일성 사망 이후 김정은 집권기로 들어서는 변화 속에서 애국심을 강조하는 경향을 보여준다. 이는 김정은 시대에 이르러 '국가'에 대한 강조와 더불어 '김정일애국주의'와 '우리국가제일주의' 등 국가 중심의 통치담론이 부상되었다는 선행연구*와도

강혜석, 「김정은 시대 북한 통치 담론 변화와 그 함의: 〈김정일애국주의〉와 〈우리국가제일주의〉」, 『북한연구학회 하계학술발표논문집』, 2019,

유사한 결과이다. 즉 김정은 시대에 이르러 주민들에게 국가에 대한 애국심을 강조하고 있으며 이에 기반한 통치 체제를 구축하고 있음을 보여준다.

2) 북한의 애국심의 성격 및 특징 : 김정은 시대를 중심으로

앞서 애국심 관련 기사 빈도 분석에서 김정은 시대에 들어 애국심을 사회 전반에 강조하는 경향이 드러났다. 이에 이 장에서는 김정은 시대 애국심 기사에서 드러나는 북한 애국심의 성격 및 특징을 살펴보고자 한다.

(1) 애국심의 발현 과정

애국심의 발현 과정이 순차적이며 순환적으로 구성되어 있다. 애국심 관련 기사에서 드러난 애국심의 발현 과정이 유사한 패턴을 보이는데 〈그림 2〉과 같이 정리해 볼 수 있다. 우선 애국심은 기본적으로 인민의 "마음속에 깃들어" 있는 것을 전제한다.

211~230쪽.

3대혁명붉은기쟁취운동은 명실공히 사람들의 마음속에 깃들어 있는 애국심을 불러일으키는 사업으로, 애국적 열의에 의거하는 사업으로 전환될 때 그 실효가 백배로 커진다.*

이러한 애국심을 고취하기 위해 애국주의 교양을 충실히 할 것을 강조한다. 애국주의 교양은 김정일애국주의에 기반한 것으로 교양사업에 의해 고취된 애국심은 각 현장에서 여러 어려움과 난관을 극복하고 현장의 목표를 달성하게 한다. 달성된 결과물들로 인해 "인민의 락원"을 이룩할 수 있으며 이는 또한 애국심을 평가하는 결과물로서 중시된다. 애국심의 결과물은 다른 인민들에게도 긍정적 영향을 미치므로 기사의 마지막 부분에 다시 강조되는데, 마지막 애국심 평가는 다시 애국주의 교양 및 사업에 주요한 역할을 하므로 그 발현과정이 순환적이다.

〈그림 2〉 북한의 애국심 발현 과정

| 김정일 애국
주의 교양 | → | 애국심 고취 | → | 목표 달성,
기적창조 | → | 애국심 평가,
사회주의 락원 이룩 |

---

* 본사기자, '사랑과 정으로 애국심을 불러일으켜', 〈로동신문〉, 2013년 11월 23일. 3면.

북한의 애국심 발현 매커니즘은 생산 및 산업의 성과나 결과물을 평가하는 과정에서 발생할 수 있는 문제의 원인을 결국 주민의 애국심의 부족 혹은 애국주의 교양의 미비함 등으로 귀인하는 문제를 낳을 수 있다. 이성적으로 풀어야 하는 문제를 '애국심'이라는 정치적 감정의 문제로 접근하는 것이다. 예를 들어, 생산 현장에서 생산량 증대 및 효율성 증진에 필요한 환경, 기술 개선 등의 접근 대신 근로자를 "애국심이 부족한 사람"으로 평가하고 사상교양을 높이는 방식으로 문제를 해결하는 현상이 나타날 수 있다. 이러한 문제에 대해서는 추후 추가적으로 면밀한 연구가 필요하다.

(2) 애국심의 고양

애국심의 고양은 방법론적으로는 '김정일애국주의교양'에 따른다. 김정일애국주의교양은 김정일이 지녔던 애국심을 주민이 따라 배우는 사업으로, 북한 주민들이 애국심을 깊이 간직하고 나라와 부강과 번영을 위해 자신의 일상생활 속에서 헌신하도

록 독려하는 교양사업이다.* 김정일애국주의에 따르면 애국심은
"어떠한 추상적인 개념에 그치는 것이 아"닌, "풀 한 포기, 나무
한 그루를 사랑하고 자기 가정과 일터, 자기 고향과 마을을 사랑
하는" 구체적인 사상 감정이며, 추상적인 개념으로 인민의 마음
속에 존재하기보다 구체적인 행동과 결과물로 표현되도록 요구
된다.

> 김정일애국주의는 우리의 사회주의조국과 우리 인민에 대한 가
> 장 뜨겁고 열렬한 사랑이며 사회주의조국의 부강번영과 인민의
> 행복을 위한 가장 적극적이고 희생적인 헌신입니다. 김정일애
> 국주의는 내 나라, 내 조국의 풀 한포기, 나무 한그루까지도 다
> 자기 가슴에 품어안고 자기의 더운 피로 뜨겁게 덥혀주는 참다
> 운 애국주의입니다.**

애국심은 우리민족제일주의, 김정일애국주의라는 주요 정치

---

* 김지수, 김지혜, 김희정, 김병연, 한승대, 강호제, 김선, 조정래, 「김정은 시
  대 북한 유·초·중등 교육 연구」, 『한국교육개발원 기본연구』, 한국교육개
  발원, 2019.
** 〈로동신문〉, 2012.08.03.

이데올로기에 의해 구체화되고 또 정교화된다. 여기서는 애국심의 자발성을 강조하지만 애국심은 때가 되면 저절로 형성되는 것이 아니다. 애국심은 "자신과 가정의 행복보다 공민적 의무를 다하는 길에서 기쁨과 보람을 찾는 부모의 모습은 자식들에게 참된 인생관을 심어주었다."와 같이 가정의 행복보다 우선하는 가치이자 대를 이어 전승되어야 하는 중요성을 갖는다. 또한 북한에서 애국심은 "어린 시절부터 부단한 교양을 통하여 습관되고 체질화될 때 한생토록 언제 어디서나 조국과 인민에 대한 헌신의 마음을 간직하고 삶을 빛내이게 되는 것"이라고 교양을 통해서 체득된다. 즉 교육의 영역이라기보다 사상교양의 측면에서 접근하고 있으며 유아기 시기부터 "부단한 교양"을 통해 체득하는 것이 중요하다.

애국은 자기 집뜰 안에서부터 시작된다. 애국심은 자기 부모처자에 대한 사랑, 자기 고향마을과 일터에 대한 사랑으로부터 싹트게 되며 그것이 나아가서 조국과 인민에 대한 사랑으로 자라나게 된다. 절세의 애국자이신 위대한 장군님께서 계시여 오늘의 꽃피는 병사의 고향도 있고 조국도 있으며 병사의 심장도 애

국으로 불타는 것이라고…. *

애국심은 나이에 비례하는 것이 아니다. 어린 시절부터 부단한 교양을 통하여 습관되고 체질화될 때 한생토록 언제 어디서나 조국과 인민에 대한 헌신의 마음을 간직하고 삶을 빛내이게 되는 것이다. **

북한은 2017년 11월 대륙간탄도미사일(ICBM) 화성-15형 발사 성공과 국가 핵무력 완성을 선포하면서 '우리국가제일주의'를 기치에 내세우기 시작하였다. '우리국가제일주의'는 기존의 '우리민족제일주의'와 구별되는 것으로 김정은 시대의 새로운 국가적 이데올로기이자 담론이라는 의미가 있으며*** 김정은 시대에 애국심의 고취를 더욱 강조하는 것으로 나타난다.

북한에서 애국심을 고양하기 위해 선전선동의 방식이 사용된다. 북한의 애국심 기사는 주로 "감동 깊은 이야기"로 엮어져 있

---

* 리금분, '고향에 대한 사랑과 불타는 애국심', 〈로동신문〉, 2012년 11월 11일, 2면.

** 본사기자, 「룡남산에서 울려 퍼진 불멸의 선언」, 『인민교육』 2018(1), 15쪽.

*** 강혜석, 앞의 「김정은 시대 북한 통치 담론 변화와 그 함의」. 309~345쪽.

다. 기본적인 스토리의 플롯은 난관 혹은 어려움이 있는 상황, 또는 고난의 시기 등이다. 이로 인해 "걱정이 가슴을 짓누"르지만 주인공은 "심장속에 소중히 간직된 높은 공민적 자각, 불같은 애국심"으로 이러한 어려움을 "밤을 지새우거나", "목숨을 바친" 헌신과 열정, 그리고 "애국심과 결사의 투쟁으로" 극복해 나가고 결국 "기적"을 이룬다. 이러한 주인공 혹은 절세위인들의 사례는 주변의 인민들에게도 기쁨을 주고 감탄을 금치 못하게 한다. 이는 북한이 애국심이라는 집단적 감정을 다른 도덕적 잣대나 의식과 구별하고 "애국적 감정"을 강조하여 인민의 일상생활에서 사회 전반에 걸쳐 미시적·거시적으로 작동하도록 하는 소위 사상감정이 지배하는 사회임을 보여준다.

(3) 애국심 영역

애국심은 광범위한 분야를 아우른다. 애국심을 강조하는 대상으로는 조국의 강토와 역사, 문화, 그리고 고향, 고향 사람들, 인민과 조국을 포함한다. 구체적으로 자신의 일터인 각종 직업사회 전반에서 생산량 및 기술 증진, 산림화와 수목화 등 산림 관련, 절약 정신, 군인정신, 민족 중시, 애국교양, 가정의 애국심교육, 국가적 정책 실시 대한 협조 등에 이른다. 특히 산림화와 수

목화, 절약 등은 "나라의 만년재부를 가꾸어가는 애국적인 사업"*으로 북한이 과거로부터 강조해 온 것으로, 김정은 시대에도 여전히 강조된다.

애국심의 영역은 "자기 일터와 마을, 자기가 하는 일"에서부터 가정과 사회를 아우르며, 자녀 출산과 함께 사회주의 일꾼으로 자녀를 양육하는 것을 포함한다. 예를 들어, 10명의 자녀들을 출산하여 자식들을 농장과 인민군대, 건설장 등에 보낸 사례에서 다자녀 출산과 이들을 사회주의 혁명일꾼으로 키워내는 것 역시 애국심의 발현으로 보고 있다.

> 자식들을 많이 낳아 키워 조국 보위 초소와 사회주의 건설장들에 내세우고 있다. 이들의 이러한 소행은 당의 숭고한 뜻을 받들어 내 나라, 내 조국의 부강번영을 위한 길에서 자신들의 본분을 다해가려는 열렬한 애국심의 발현이다.**

---

* 김진욱, '열렬한 애국심과 높은 헌신성을 발휘', 〈로동신문〉, 2012년 4월 29일 4면.
** 송만철, '열렬한 애국심의 발현', 〈로동신문〉, 2012년 4월 3일, 4면.

이는 북한의 애국심이 시민의식, 직업의식, 윤리의식, 전통윤리 등의 도덕적 가치에 의해 작동하는 영역까지 아우르고 있어 북한이 정치, 사회, 경제, 문화에 이르는 해당 문제들을 애국심을 통해 해결하려는 특징을 보여준다. 애국심 관련 기사는 주민들이 국가가 지시하는 각 영역에서 애국심을 함양하여 주민들이 열성과 충성을 보이도록 강한 애국 정서를 끌어내고 주민들의 정치사상과 의식을 강화한다.

한편 2014년부터 애국심 주제의 기사에서 나타난 대부분의 교시가 김정일에서 김정은의 교시로 변경된다. 해당 기사들은 이전 시대로부터 반복되는 내용도 있지만 김정은 시대의 특징인 세계화와 기술진보를 강조하는 한편 애국심을 강조하는 통치 전략을 강조하고 있음을 다시 한번 보여준다.

(4) 애국심의 절대화와 평가 및 검증

북한에서 애국심은 절대적 가치를 갖는다. 기사에 나타난 대부분의 '애국심' 단어에는 "고귀한", "순결한", "보석같은"과 같은 최고의 수식어가 붙는다. 이는 조국을 위한 마음이 곧 수령에 대한 마음이므로 수령에 대한 수식어에 버금가는 수준으로 애국심의 가치를 높이는 것이다. 애국심의 가치는 절대적이어서 누구도 애국심이 작동되는 영역에서 애국심을 의심하거나 애국심을 토대로 이루어지는 정치·사회·문화적 행위의 가치를 폄훼할 수 없게 된다.

다음 특징은 애국심의 평가 및 검증이다. 북한의 애국심은 "말로 하는 애국이 아니라 실천으로 하는 애국이"* 강조되며 행동과 실천으로 드러난 결과를 평가하고 검증한다. 이는 기사 제목에서도 여실히 드러나는데 〈애국심의 척도〉, 〈애국심의 깊이〉, 〈애국심을 검증받자〉, 〈산림복구전투는 애국심을 검열하는 마당〉, 〈우리의 애국심을 알려면 석탄산을 보라〉, 〈사름률 보장으로 애국심을 검증받자〉, 〈심은 나무들의 사름률**은 애국심을 검증하는 척도이다〉, 〈불타는 애국심과 혁명적 군인정신으로 높은 생산성과를 이룩하여 인민생활향상에 이바지하자〉, 〈애국심의 무게〉, 〈담당포전의 수확고는 애국심의 높이〉 등이 그러하다. 즉 북한에서 애국심은 "자막대기"처럼 엄격히 수치화되고 검증되어야 하는 개념이다.

---

* 전철호, '훌륭한 가풍과 애국심', 〈로동신문〉, 2013년 11월 15일, 4면.
** 사름률은 '활착률'의 북한어이다. 활착률은 옮겨 심거나 접목한 식물이 제대로 산 비율로 심은 수에 대하여 살아난 수의 비율로 표시한다.(『표준국어대사전』, 2020)

경애하는 김정은동지께서는 다음과 같이 말씀하시였다.

『나무심기를 질적으로 하고 심은 나무에 대한 비배관리를 잘하여 나무의 사름률을 결정적으로 높여야 합니다.』(중략) 그렇다. 나무의 사름률! 이제 그것은 더는 백분율로 표시되는 일반적인 개념이 아니다. 정녕 그것은 모든 사람들의 심장의 열도를 재는 애국심의 자막대기다.*

애국심의 절대화와 평가 및 검증은 결과적으로 "애국심을 키워줄 때 기적이 창조된다"는 말과 더불어 북한 주민이 자신의 일상생활 및 자기 일터에서 어떤 어려움에 직면할 경우 애국심을 고취하여 기적과 같은 수치의 결과물을 창조해야 하는 부담을 안게 만들 수 있다.

---

* 본사기자, '애국심의 척도', 〈로동신문〉, 2014년 11월 29일. 3면.

5. 결론 및 제언

본 연구는 북한에서 애국심이 어떤 의미를 가지며 그 성격 및 특성은 어떠한지 〈노동신문〉과 〈민주조선〉 등 북한 1차 자료를 중심으로 내용 분석을 실시하여 그 결과를 살펴보았다. 연구의 결과는 다음과 같다.

첫째, 북한에서 "조국 = 수령"이므로 수령은 인민의 애국심이 향하는 주체이다. 북한에서 애국심 및 애국자의 의미는 일반적 의미에서 점차 김일성 및 김정일의 교시가 주요하게 작동하는 영역으로 변화되으며, 이 어휘는 사회주의 내 조국, 주체의 조국 등 북한 사회 및 체제를 위한 정치적인 목적을 위해 사용되고 있다.

둘째, 북한에서 애국심의 강조 현상은 북한 내부의 정치·경제적 상황에 민감하게 반응하며 등장한다. 특히 위기 상황이거나 대외적으로 정권이 위협받거나 압박받는다고 판단되는 사건에 대한 반응 혹은 내부단속의 일환으로 애국심을 강조한다. 북한에서 '애국심' 관련 기사 건수가 높게 나타난 시기의 기사 내용과 국내외 현황을 살펴본 결과, 관련 기사는 북한 내부의 정치·경제적 상황에 민감하게 반응하며 등장했다. 구체적으로 고난의 행군, 그리고 정권교체와 권력 기반 강화 등 국가적 위기와 어려움

그리고 주요 정치적 변화 상황에서 북한은 국난을 극복하고 사회 질서와 정권 기반을 다지기 위해 애국심을 적극적으로 강조한다. 특히 김정은 시대에 이르러 애국심을 통치 프레임으로 사용하며 새로운 정권의 기반을 닦고 강화하려 하는 전략을 사용한다.

셋째, 북한의 애국심은 다음과 같은 성격 및 특징을 갖는다. 북한에서 애국심의 발현은 특정 매커니즘 하에서 작동된다. 이는 김정일애국주의교양을 통해 인민들의 마음속에 깃들어 있던 애국심을 고취하여 현실속의 어려움과 난관을 극복하고 목표를 달성하여 '기적'을 창조하는 과정이다. 이러한 애국심은 수치화되어 검증되고 평가되며 '사회주의 락원'을 이룩할 수 있는 개념이므로 북한 사회에서 절대적 가치와 의미를 지니고 있다. 애국심은 김정일애국주의 교양에 의해 어린 시절부터 내면화되는 특성을 보이며, 자발성을 강조하지만 또한 저절로 형성되지 않으므로 끊임없는 정서 및 사상교양이 필요한 영역이다. 북한이 애국심을 강조하는 것은 이것이 일종의 감정의 영역에 해당되는 부분으로, 선전선동의 방식으로 고취되기 용이한 영역이기 때문이다. 이는 북한이 집단적인 '애국적 감정'을 강조하여 애국감정이 인민의 일상생활부터 사회 전반에 걸쳐 미시적·거시적으로 작동하도록 하는 소위 '사상 감정이 지배하는 사회'임을 보여준다. 또한 북한에서의 애국심은 정치·경제·사회적으로 목표가 구체적이며 명확한 목표지향적인 선전선동으로서의 애국심, 그리고 결과와 평가를 중시하는 결과 중심적 애국심의 특성을 나타낸다고 볼 수 있다. 북한의 경우 애국심의 자발적인 고취를 중요하게 여긴다고는 하지만 애국심을 수치화하고 절대화하여 그 결과를 평가한다. 애국심의 영역은 국가의 정치적 사안에서부터 일상생활까지 국가의 제반 산업과 사회 이슈에 있어 광범위하게 작동된다.

특별히 김정은 시대에 이르러 주요 정치적·경제적 선전선동을 위한 핵심 요소로 애국심을 전면에 내세워 강조하고 있다는 점이 특징이다. 김정은 시대에 이르러 이전 시대에 강조되었던 수령 중심의 국가관에서 가시적으로 세계화, 그리고 정상국가화를 지향하며 국가를 위한 애국심을 지배 통치 원리로 활용하고 있음을 확인할 수 있다. 그러나 김정은 시기에 드러난 특징이 해당 시점 및 영역에만 일시적으로 나타난 것인지 추후 종합적으로 주의 깊게 살펴볼 필요가 있다.

정리하면 북한의 애국심은 북한이 국가와 수령체제를 유지하기 위해 사용하고 있는 주요한 정치적 구호이자 정책 프레임이

다. 애국심을 미디어 매체 및 사상교양을 통해 지속적으로 인민
들에게 선전선동하는 국가의 주요한 통치 이데올로기의 역할을
담당하며 인민 사회를 움직이는 힘으로 작동하고 있음을 볼 수
있다. 이러한 북한의 '애국심'은 북한 사회만의 고유한 의미를 지
니고 그에 따르는 각각의 사회적 관계와 윤리를 형성하는 일종
의 문화적 코드를 형성하고 있다는 점이다. 이는 국가에 헌신한
자가 국가로부터 합당한 공로를 인정받는 애국자라는 이성적인
측면뿐 아니라 국가에 대한 '헌신'과 이로부터 오는 '기적'과 같은
감성적인 측면에서 이루어진다. 애국심의 감정을 강조하는 한
편 애국적 행위의 결과는 수치로 검증되고 평가된다. 북한은 이
러한 애국심을 사회 전반에서 강조하여 왔으며 특히 김정은 시
대에 애국심의 평가와 검증, 검열을 강조함으로써 애국적 행위와
실천을 끌어내려는 노력을 하고 있는 것으로 볼 수 있다.

북한의 애국심의 성격과 특징은 결과적으로 통일을 생각할 때
남한의 애국심과 상충될 수 있는 부분을 내포하며, 남북한 보훈
의 가치와 대상에도 큰 차이를 나타낼 것으로 보인다. 애국심이
수령 중심의 국가 체제를 유지하는 주요 작동 원리로 사용되며
북한 사회의 주요한 경제, 산업 영역에서뿐만 아니라 인민의 일
상적인 미시적인 삶에서도 요구되는 가치이며 평가되는 특징은

통일 이후 애국심에 대한 남북 주민의 기대수준과 발현매커니즘, 일상생활 영역에서의 작동에 있어 큰 차이를 불러올 것이다. 이러한 상충되는 점에 대한 남북 간의 이해와 더불어 공통된 가치에 대한 고민이 필요하다. 또한 통일과정에서 애국심의 공통된 기준을 함께 세워나가는 것도 필요하다.

본 연구는 북한정권이 애국심을 시대에 따라 어떻게 강조하는가에 대한 연구이다. 애국심이 북한 연구에서 정태적이지 않은 매우 동태적인 대상이라는 사실을 밝힌 점이다. 모든 프로파간다는 반복(repetition)된다는 특성이 있으며 북한의 애국심도 끊임없이 반복되어 강조되어 왔지만 이 연구는 그 반복 속에도 패턴이 있고 변화가 있다는 사실을 규명했다. 애국심의 정의도 계속해서 수정(revision)돼 왔고, 이 개념이 언급되는 빈도(frequency)도 변화되어 왔다.

특정 정서를 국가적 수준에서 정치·사회적으로 강력하게 작동시키는 경우 생길 수 있는 문제점에 대해 살펴볼 필요가 있다. 이는 북한 애국심의 특징에서 과도한 애국심의 고취, 기계적 고양과 강요, 애국심에 대한 엄격한 잣대와 평가, 애국심의 결과물에 대한 요구 등 강요로 인한 자발성 퇴보 등 '애국심의 한계' 상황, 혹은 정서적 역치 수준에 이르렀을 때 나타나는 부작용이 있기 때문이다. 실제로 이러한 애국심이 북한 주민의 의식 속에서 어떻게 작동해 왔는지 실증적인 연구를 실시할 필요가 있다. 국가 수준의 애국심 고양 정책에도 불구하고 북한 주민들의 의식 상에서는 다른 역효과가 발생하거나 기대 수준에 못 미치는 결과가 나타날 수 있다. 그러므로 추후 이러한 애국심이 북한 주민들에게 실제로 어떤 의미로 인식되며 일상생활에서 어떠한 메커니즘을 통해 애국적 행위로 발현되는지에 대한 실증적 연구가 필요할 것이다. 또한 이 연구에서는 애국심을 고취하는 인민의 애국적 행위와 상징 의식 등이 애국심과 어떻게 관련되는지에 대해서는 다루지 못했으므로 이에 대한 추후 논의가 필요할 것이다.

북한의 남한 민주화 운동에 대한 평가와 통일정책 변화

: 김일성 시기 남북역학관계 변화를 중심으로

임 상 순_평택대학교 피어선칼리지 조교수

1. 서론

2018년 영국 글로벌 조사기관인 '이코노미스트 인텔리전스 유닛(EIU)'이 세계 167개국을 대상으로 조사한 민주주의 지수 평가에서, 남한은 21위, 북한은 167위를 기록했다. 이 지수 평가 1위에서 20위 국가를 '완전한 민주주의' 국가로 분류하는데, 남한은 8.0점으로 20위 코스타리카(8.07)와 아주 근소한 차이를 보였다. 그리고 남한은 '선거 과정과 다원주의' 항목에서 10점 만점 중 9.2점을 받았고, 전체 평균점수에서도 아시아에서 가장 높은 평가를 받았다. 이에 반해 북한은 민주주의 지수가 10점 만점 중 1.08점으로 최하위에 머물렀다.*

---

* '英 EIU, 167개국 민주주의 비교하니…한국은 세계 21위', 〈중앙일보〉(인터넷)(검색: 2020.8.28.)

남한이 분단, 6·25 전쟁, 군부독재를 거쳤음에도 불구하고, 아시아에서 가장 민주화된 국가가 될 수 있었던 것은 민주주의 실현을 위해 희생하고 헌신한 사람들이 있었기 때문이다. 「국가보훈기본법」에 의하면, 자유민주주의의 발전을 위하여 희생, 공헌한 사람들은 일제로부터 조국의 자주독립 그리고, 국가 수호와 안전 보장을 위하여 희생·공헌한 사람들과 함께 국가보훈대상자로 선정한다. 그리고 그들의 숭고한 정신을 선양하고, 그와 그유족, 가족의 영예로운 삶과 복지 향상을 도모하며, 나아가 국민의 나라사랑정신을 함양하는 것을 국가의 의무로 규정하였다.[*]

국가보훈은 국가를 위해 특별한 희생과 공헌을 한 사람에 대한 국가 차원의 예우이기 때문에, 국가의 의무이자 국가가 수행해야 할 가장 기본적인 고유 기능이다. 그리고 국가보훈은 국가공동체를 위한 특별한 공헌과 희생에 높은 가치를 부여하여, 국가공동체 의식과 정체성을 배양하고, 국민통합을 유도하는 고도의 상징적 국가 기능이라고 할 수 있다.[**]

---

[*] 「국가보훈기본법」(법률 제14253호) 제1조, 제3조.
[**] 형시영, 「보훈문화 확산을 위한 보훈문화진흥원 설립방안」, 『보훈연구』 제4권 2호, 보훈교육연구원, 2015, 132-133쪽.

「국가보훈기본법」에 근거하여 국가는 민주화운동 중 4·19 혁명 사망자, 부상자, 공로자를 '국가유공자'로 지정하고, 5·18 광주민주화운동 관련 사망자, 희생자, 행방불명자, 부상자, 질병으로 장애판정을 받은 자, 구속자, 구금자, 수형자 등을 '5.18 민주유공자'로 분류하여 예우와 보상을 하고 있다.[*]

민주주의 지수가 세계 최하위인 북한은 민주주의를 '부르주아 민주주의'와 '프롤레타리아 민주주의'로 구분한다. 북한의 주장에 의하면, '부르주아 민주주의'는 소수의 착취계급이 대다수의 인민대중을 억압 착취하는 자본주의 국가의 민주주의로서, 부르주아지들이 자기의 독재를 숨기기 위해 기만적 수단으로 사용하는 민주주의이다. 이에 반해, '프롤레타리아 민주주의'는 진정한 민주주의로서, 인민이 국가 주권을 장악하고 인민의 이익을 위하여 국가를 통치하는 정치제도 및 사상으로, 오직 인민이 정권의 주인이 되고 모든 생산 수단이 사회화되어 있는 사회주의 하에서만 실현될 수 있다.[**]

김일성은 계급성을 떠난 '민주주의'는 있을 수 없으며, 어떤

---

[*] 〈예우보상〉 국가보훈처 홈페이지(검색: 2020.8.28.)

[**] 박순서 등, 『대중 정치용어사전』, 평양: 조선로동당출판사, 1964, 178쪽.

국가에서나 민주주의는 주권을 잡은 계급을 위한 민주주의이 며, 적대계급에 대한 독재가 결합되어 있기 때문에 모든 사람을 위한 '순수한 민주주의', '완전한 자유'란 존재할 수 없다는 입장 이다.*

그리고 김일성은 남한에서 일어난 민주화운동을, '미제의 식 민지 지배'와 그 앞잡이들의 파쇼 통치로 말미암아 커다란 고통 과 불행을 당하고 있는 남조선 인민들이 민족적 자주권과 민주 주의적 자유를 위하여 벌인 투쟁이라고 하면서, '1960년의 4월 인민봉기', '1980년의 광주 인민봉기' 그리고, '1987년 6월 인민항 쟁'은 반미 자주화(자주), 반파쇼 민주화(민주), 조국통일(통일)을 위한 남조선 인민들의 민족해방 투쟁으로서, 이 모든 과업을 해 결하기 위해서는 조국통일을 평화적으로 달성하는 것이 가장 중 요하고 필수적이라고 강조하였다.**

---

* 김일성, 「조선민주주의인민공화국은 우리 인민의 자유와 독립의 기치이며 사회주의, 공산주의 건설의 강력한 무기이다」, 『김일성 저작집 (22)』, 평양: 조선로동당출판사, 1983, 448-449쪽.

** 김일성, 「주체의 혁명적 기치를 높이 들고 사회주의, 공산주의 위업을 끝까 지 완성하자」, 『김일성 저작집 (41)』, 평양: 조선로동당출판사, 1995, 238-239쪽.

이러한 배경하에, 본 논문은 보훈의 중요한 부분 중 하나인 민주화운동, 즉 4·19 혁명, 5·18 광주민주화운동, 87년 6월 항쟁에 대하여 북한은 어떤 평가를 하는지, 그리고 북한은 각 시기별로 어떤 통일정책을 제시했는지를 남북 관계 역학 변화를 중심으로 살펴보고자 한다.

2. 4·19 혁명에 대한 북한의 평가와 통일정책

1960년 남한에서 4·19 혁명이 일어나던 시기에 정치적·경제적·군사적 측면에서 북한이 남한보다 강한 역량을 갖추고 있었다. 1960년 남한 경제가 미국의 원조 감소로 심각한 어려움에 직면해 있을 때, 북한 경제는 북한 주민들의 노력과 사회주의 국가들의 원조에 힘입어 안정된 발전을 지속하고 있었고, 정치적인 면에서도 권력투쟁이 마무리되어 김일성 수상에게 도전할 세력을 찾아볼 수 없게 되었다. 이러한 자신감을 바탕으로 김일성은 1961년 9월 조선노동당 4차 당 대회에서 사회주의 기초 건설이 완수되었음을 선언하고 이제부터는 사회주의의 전면적인 건설을 위해 노력해야 한다고 강조했다.* 이렇게 북한의 역량이 남한보다 강했던 시점에 발생한 4·19 혁명을 북한은 어떻게 평가하고 대응했으며, 이 시기에 어떤 통일정책을 채택했는지 살펴보고자 한다.

1) 4·19 혁명 개관

1960년 3월 15일 대통령과 부통령을 선출하는 선거가 있었다. 당시 남한은 미국의 원조 감소로 인한 경제적 어려움, 이승만 대통령의 장기독재, 정경유착, 부정부패 등으로 이승만 대통령과 여당인 자유당에 대한 국민들의 불만이 고조되고 있었다.** 자유당은 이 선거에 대통령 후보로 이승만을, 부통령 후보로 이기붕을 내세웠고, 야당인 민주당은 대통령 후보에 조병옥을, 부통령 후보에 장면을 공천했다. 그런데 선거 한 달 전인 1960년 2월 15일 민주당의 조병옥 후보가 미국에서 뇌수술을 받던 도중 사망하였고, 이로 인해 이승만 후보는 안정적으로 대통령에 당선될

---

* 김성보 외, 『북한 현대사』, 서울: 웅진지식하우스, 2014, 209쪽.
** 〈4·19 바로알기〉 4·19 기념사업회 홈페이지(검색: 2020.8.24.)

수 있었다. 그럼에도 불구하고, 자유당 정권은 이기붕을 부통령으로 당선시키기 위해 폭력을 동반한 부정선거를 저질렀다.

자유당과 이승만 정권은 투표 시작 전에 지역 유권자 40% 정도의 표를 자유당 후보에게 기표하여 미리 투표함에 넣었고, 선거 당일, 자유당 후보에게 투표하도록 설득된 유권자를 3인조 또는 5인조로 묶어 투표장에 들여보낸 후 각 조원이 기표한 투표용지를 조장과 자유당 측 선거위원에게 보여주고 투표함에 넣도록했다. 그리고 '자유당'이라는 완장을 찬 자유당 측 유권자들을 투표소 부근에 배치하여 야당 성향의 유권자에게 심리적으로 압박을 가했고, 민주당 측 참관인을 매수하여 투표 참관을 포기시키거나 적절한 구실을 만들어 투표장에서 내쫓았다.* 민주당은 3월 15일 오후 "3.15선거는 선거가 아니라 선거의 이름 아래 이루어진 국민주권에 대한 강도행위"라고 규정하고 선거 무효를 선언했다.**

이러한 3월 15일의 대대적인 부정선거는 결국 국민들의 분노를 폭발시켰고, 4월 19일 20여만 명의 시민과 학생들이 부정선거

---

* 〈동아일보〉 1960년 3월 4일.
** 양재인, 『한국의 현대정치』, 창원: 경남대학교출판부, 2005, 53쪽.

를 규탄하는 시위에 동참하였다. 시위대는 정부 기관지인 서울 신문사와 서울방송국, 대한반공청년단 본부, 지방관청 등을 습격하여 불을 질렀고, 이승만 대통령의 관저인 경무대와 이기붕의 집을 향해 진격했다. 이에 대해 경찰은 발포로 대응하여 이날 하루 동안 183명이 사망하고 6,259명이 중경상을 입었다. 4월 25일에는 대학교수들까지 시위에 나서면서 학생과 시민들의 시위가 더욱 증폭되었고, 이승만 대통령은 4월 26일 대통령직에서 물러나겠다고 발표했다.*

2) 4·19 혁명에 대한 북한의 평가

북한은 1960년 4월 20일 〈리승만 도당의 파쑈테로 통치를 철폐하기 위하여 영웅적 서울시 학생, 시민들 대중적 봉기〉라는 제목의 〈노동신문〉 1면 기사를 통해, 전날 남한에서 수만 명의 청년학생들과 시민들이 자유당 본부, 특무대, 반공회관, 서울신문사 등을 불지르고, 중앙청, 주한 미 경제협조처 등을 습격하

---

* 김용철 외, 『현대 한국정치의 이해』, 서울: 마인드탭, 2018, 90-92쪽.

고, 수 개의 파출소를 파괴·소각·점령했으며, 경찰 무기창과 화약고를 습격한 후 군경과 시가전을 벌였다고 보도했다.[*]

다음날인 1960년 4월 21일 북한 조선노동당 중앙위원회는 호소문을 통해 "파국에 처한 남조선의 현 사태를 수습할 대책을 토의하기 위하여 남북 조선의 각 정당, 사회단체 대표들의 연합회의를 긴급히 소집할 것"을 제의하면서, "남조선 인민들의 사활적인 요구를 수용하여 이승만 반동통치를 즉시 철폐할 것"을 요구하였다.[**]

이후 북한은 4·19 혁명 발발 40주년인 2000년까지 4·19 봉기 평양시 보고회를 개최하였고, 현재까지 매년 4월 19일에 4.19 관련 사설이나 논설을 〈노동신문〉에 게재하고 있다. 북한이 4·19 혁명을 어떻게 설명하고 평가하는지를, 평양시 보고회 발표문과 〈노동신문〉에 게재된 4.19 관련 사설과 논설의 내용을 통해 살펴보고자 한다.

----

[*] 〈로동신문〉 1960년 4월 20일.
[**] 〈로동신문〉 1960년 4월 22일.

(1) 4·19 혁명의 개념과 발생 원인

북한은 4·19 혁명을 '4월 인민봉기'라고 부르며, 이승만 정권이
4월 인민봉기를 진압하기 위해 중무장한 군대와 경찰, 탱크와 장
갑차를 동원하여 시위 군중들을 향해 무차별 사격을 가하였고,
이로 인해 거리가 피로 물들었다고 주장한다. 북한은 이 봉기를
"반미 반파쑈 구국 투쟁"이며, "반미자주화", "반파쑈민주화", "조
국통일을 위한 애국적 장거(壯擧)"라고 규정한다. 그리고 '자주',
'민주', '통일'을 4·19 혁명의 이념이라고 하면서* 4·19 혁명의 발생
원인을 근본 원인, 직접 원인, 추동 원인으로 나누어 설명한다.

근본 원인은 1945년부터 1960년까지 15년간 미국과 이승만 정
권이 악정과 실정, 학정을 자행하여 남한 주민들의 원한과 분노
가 축적되었고, 남한 주민들 사이에 자유와 해방, 새 정치와 새
생활에 대한 요구가 강화된 것이다. 특히 이 시기 동안 경제적인
어려움이 심화되어 남한에서 실업자 및 반실업자 수가 600여만
명에 달했고, 남한의 공업생산 수준이 해방 전에 비해 3분의 2에
불과했으며, 공업제품의 대외 의존도가 80%에 달했다. 농경지

---

* 〈로동신문〉 1997년 4월 19일; '거족적투쟁으로 4.19의 리념을 실현하고 90
  년대 통일을 이룩하자', 〈로동신문〉 1995년 4월 19일.

는 일제 통치 말기에 비해서 30만 정보나 감소되었고, 농토의 약 65%는 극도로 피폐해져서 알곡 생산이 일제 시기에 비해 700만 석이나 감소되었다.

한편, 4·19 봉기의 직접 원인은 이승만 정권의 3.15부정선거와 이에 반대하는 마산시민들의 대중적 투쟁으로서, 마산시민의 시위가 발단이 되어 남한 청년학생들과 노동자, 농민, 지식인, 소상공업자, 백발의 늙은이, 나이 어린 소년에 이르기까지 수백만의 각계각층 주민이 봉기에 참여하게 되었다. 마지막으로 이러한 인민봉기를 추동한 원인은 김일성의 영도 밑에 북한에서 이룩된 사회주의 건설 성과와 북한 주민들의 행복한 생활로서, 이것이 남한 주민들에게 커다란 혁명적 영향을 주었고, 남한 주민들이 북한을 희망의 등대로 바라보면서 미국과 이승만 정권을 쓸어 버리고 김일성의 자애로운 품에 안겨 행복하고 보람찬 삶을 누리고자 인민봉기에 참여하게 되었다고 북한은 주장한다.*

---

* 〈로동신문〉 1963년 4월 19일; 〈로동신문〉 1969년 4월 19일; 〈로동신문〉 1970년 4월 19일.

(2) 4·19 혁명이 성공하지 못한 원인

북한은 4·19 혁명을 "반미 반독재 구국투쟁에서 남한 주민들이 쟁취한 거대한 첫 승리"이며, "제국주의자들과 국내 반동들을 반대하는 세계 각국 인민들의 투쟁을 크게 고무시키는 사건"이라고 하면서도, "피로 쟁취한 열매를 미제의 다른 앞잡이에게 빼앗김"으로써 결정적인 승리를 이룩하지 못했다고 평가한다.*

그리고 그 원인으로 다음의 3가지를 제시한다. 첫 번째는 남한에서 반미구국투쟁을 승리로 이끌 "혁명적이고 전투적인 당, 노동계급의 전위대인 맑스-레닌주의당", "영생불멸의 주체사상을 지도적 지침으로 하는 혁명적 당"이 없었기 때문에, 옳은 투쟁 전략과 전술을 가지고 투쟁을 벌이지 못한 것이다. 혁명적 당의 통일적 영도가 없이는 혁명역량의 장성도 기대할 수 없고, 혁명운동의 성과적 발전도 이룩할 수 없다. 두 번째는 기본 군중인 노동자와 농민이 항쟁에 광범위하게 참가하지 못함으로써 투쟁이 조직적으로, 그리고 끝까지 철저히 전개되지 못했다. 남한에서 혁명투쟁이 승리하기 위해서는 반드시 누구보다도 조직력과

---

* 〈로동신문〉 1980년 4월 19일.

단결력이 강한 남한 노동계급과 그의 확고한 동맹자인 농민이 투쟁에 광범위하게 참가하여야 한다. 세 번째는 미국이 남한을 강제로 점령하고 식민지 통치를 실시하고 있기 때문이다. 미국은 4월 인민봉기 후 박정희 군사집단을 조정하여 5.16군사 정변을 일으킴으로써 4·19 이념을 근본적으로 부정하고, 식민지 군사파쇼독재를 부활시켰다. 군사 정변 후 미국은 박정희 정권에 압력을 가하여 '중앙정보부'를 창설하고 '보안법'을 비롯한 수천 가지 악법을 만들어 남한을 폭압망으로 뒤덮어 놓고, 주민들에 대한 탄압을 감행하였다. 따라서 4.19 용사들이 갈망한 자주적·민주적 발전과 조국통일을 실현하기 위해서는 남한에서 미군을 철수시키고, 미국에 의한 남한 식민지 지배를 종식시켜야 하며, 전 민족 대단결을 바탕으로 남북 관계를 개선시켜 나가야 한다.*

---

* 〈로동신문〉 1961년 4월 19일; 〈로동신문〉 1968년 4월 19일; 〈로동신문〉 1971년 4월 19일; 〈로동신문〉 1977년 4월 19일; 〈로동신문〉 1981년 4월 20일, 〈로동신문〉 1993년 4월 19일.

3) 1960년대와 1970년대 북한의 통일정책

남한보다 강한 역량을 갖추고 있던 북한은 남한의 4·19 혁명에 대응하여, 남한 민중의 봉기를 목표로 지하당인 '통일혁명당'을 건설하고자 했고, 통일을 위한 3대 혁명역량 강화를 추진했으며, 남북 총선거를 전제로 한 과도기적 연방제 통일방안을 제시[*]하는 등 매우 공세적인 통일정책을 추진했다.

(1) 통일혁명당 사건

김일성은 남한의 4·19 혁명이 최종적인 승리를 거두지 못한 근본 원인이 남한에 '혁명적 당'이 건설되어 있지 않았기 때문이라고 진단하면서, 남한 주민들이 반제·반봉건 투쟁을 성과적으로 진행하고 이 투쟁에서 승리하기 위해서는 마르크스-레닌주의를 지침으로 하며 노동자, 농민을 비롯한 광범위한 인민대중의 이익을 대표하는 '혁명적 당'이 남한에 있어야 한다[**]고 강조하였다.

---

[*] 신정현, 「북한의 연방제 통일방안의 전개와 목표」, 신정현 편, 『북한의 통일정책』, 서울: 을유문화사, 1989, 274쪽.

[**] 김일성, 「조선로동당 제 4차대회에서 한 중앙위원회 사업총화보고」, 『김일성 저작집(15)』, 평양: 조선로동당출판사, 1981, 248쪽.

김일성의 이러한 지침에 따라 북한은 간첩을 남파시켜 최영도, 정태묵, 김종태 등을 포섭하였다. 특히, 김종태는 북한으로 들어가 조선노동당에 입당하고 공산주의 사상, 지하당 공작 방법 및 난수표 해독법 등을 교육받았으며, 대남사업 총국장인 이효순으로부터 "남조선 혁명 기운 조성을 위해 주변 인물들을 포섭하고 지하당을 건설하며, 합법적인 출판물을 발간하여 청년학생과 지식인층에게 반미, 반국가 사상을 고취시키라"는 김일성의 지령을 전달받은 후 남한으로 돌아왔다.

　　1964년 3월 김종태는 주위 인물인 김질락, 이문규 등과 함께 주체사상을 지도이념으로 하고 사회주의 건설을 목표로 하는 '통일혁명당 창당준비위원회'를 결성하였고, 학계를 중심으로 좌파 지식인과 학생운동 세력을 포섭하여 청맥회, 새문화연구회, 청년문학작가협의회, 민족주의연구회, 기독교 청년 경제복지회 등을 조직하여 적화통일을 준비하였다.

　　1965년 11월말 김종태를 당수로 하는 '통일혁명당'이 창당되었고, 통일혁명당은 1967년 6.8 부정선거 반대 투쟁 등 여러 가지 형태의 혁명운동을 벌이다가 중앙정보부에 의해 적발되었다. 1968년 8월 중앙정보부는 통일혁명당이 "조선노동당의 지시를 받는 지하당으로서 합법-비합법, 폭력-비폭력의 배합투쟁을 통해 1970년까지 결정적 시기를 조성하고, 민중봉기를 일으켜 공산정권을 수립하고자 했다"고 발표했다. 이 사건과 관련하여 문화인, 종교인, 학생 등 158명이 검거되었고, 핵심인물인 김종태, 이문규 등 5명에게 사형이 선고되었다. 북한은 사형선고를 받은 김종태 등을 구출하기 위해 무장 공작선을 남파하기도 하였다. 이들을 검거하면서 남한 정부는 무장 공작선 1척, 고무보트 1척, 무전기 7대, 기관단총 12정, 수류탄 7개, 무반동총 1정, 권총 7정 및 실탄 140발, 미화 3만여 달러와 한화 73만 원 등을 압수했다.[*]

1969년 7월 10일 김종태의 사형이 집행된 후, 북한은 7월 13일부터 19일까지 북한 전역에서 김종태를 추도하도록 했고, 김종태에게 영웅칭호와 함께 북한 최고훈장인 '금성메달', '국기훈장 1급' 등을 추서했으며, 평양전기기관차 공장을 '김종태 전기기관차 공장'으로 이름을 바꾸었다.[**] 북한은 통일혁명당이 "남한 인민 대중의 '정치적 참모부'로서, 남한 청년학생들과 인민들이 투쟁하도록 선동했고, 투쟁혁명을 실천했으며, 당 대열을 끊임없이 늘이는 한편, 주체사상의 핵심 세력을 키워내고자 노력했다"고

[*] 〈통일혁명당간첩사건〉, 한국민족문화대백과사전(인터넷)(검색: 2020.8.25.)
[**] 〈통일혁명당 사건〉, 통일부 통일교육원 홈페이지(검색: 2020.8.25.)

평가한다.*

(2) 3대 혁명역량 강화와 과도기적 연방제 통일방안

① 3대 혁명역량 강화와 3단계 통일론

김일성은 1964년 2월 27일 조선노동당 중앙위원회 전원회의에서, 남한의 정세가 "전 한반도에서 사회주의 혁명 위업"을 달성하는 데 유리하게 변화되었다고 분석하면서 "조국통일 실현을 위한 3가지 혁명역량" 강화와 3단계 통일론을 주장하였다. 여기서, 3가지 혁명역량이란 '북한의 혁명역량', '남한의 혁명역량', '국제적 혁명역량'을 의미하는데, 이에 대한 북한의 주장을 정리하면 다음과 같다.

첫째, 북한의 혁명역량을 강화하기 위해서 정치적 역량, 경제적 역량, 군사적 역량을 강화해야 한다. 이중 정치적 역량을 강화하기 위해서는 혁명의 지도적 역량인 조선노동당을 백방으로 강화하고, 모든 인민대중을 당의 두리에 튼튼히 묶어 세워야 한

---

* 교육도서출판사, 『친애하는 지도자 김정일 선생님 혁명력사』(고등중학교 5), 평양: 교육도서출판사, 1990, 28-29쪽.

다. 그리고 경제력을 강화하기 위해서 인민경제의 모든 부문을 현대적 기술로 정비하고, 공업과 농업, 중공업과 경공업, 채취공업과 가공공업이 다 균형적으로 발전된 강력한 자립적 민족경제를 건설하여야 한다. 마지막으로 군사력 강화를 위해서 인민군대의 간부화, 무장의 현대화, 군사 진지의 요새화, 전체 인민의 무장화, 온 나라의 요새화를 완성하여 불패의 방위태세를 갖추어야 한다.

둘째, 남한의 혁명역량을 강화하기 위해서는 혁명의 주력군을 튼튼히 꾸려야 한다. 혁명의 주력군이란 혁명에 동원될 수 있는 기본계급과 그들 속에 깊이 뿌리박은 마르크스-레닌주의당을 의미한다. 마르크스-레닌주의당의 영도 밑에 사회의 기본계급인 노동자, 농민이 동원되어야 혁명이 승리할 수 있다. 이를 위해 혁명의 주력부대인 노동자, 농민을 확보하는 동시에 마르크스-레닌주의 당의 지도핵심을 꾸려야 한다. 당조직이 있어도 강력한 지도핵심이 없으면 당이 전투력을 발휘할 수 없다. 그리고 중요한 것은 남한에서 반혁명역량을 약화시키는 것이다. 반혁명 세력을 약화시키는 데서 특별히 중요한 것은 적군(敵軍)의 와해사업이다. 남한 군인들을 포섭하여 인민의 편으로 넘어오도록 한다면 남한 지배계급도 멸망하지 않을 수 없을 것이다.

셋째, 국제적 혁명역량을 강화하기 위해서 모든 사회주의 나라 인민들과 굳게 단결하여야 할 뿐만 아니라, 제국주의의 예속에서 벗어나기 위해서 투쟁하고 있는 아시아, 아프리카, 라틴아메리카 인민들을 적극 지지하며 그들과의 단결을 강화하여야 한다. 대외활동기관들은 신생 독립국가들, 중립국가들과의 관계를 더욱 개선하며 이 나라 인민들에게 미제국주의를 반대하여 투쟁하는 우리의 정당한 입장을 알려주고 그들의 지지를 얻도록 하여야 한다.*

김일성은 이렇게 북한 혁명역량, 남한 혁명역량, 국제 혁명역량 강화를 제시함과 동시에 '조국통일의 구체적인 방도'로 3단계 통일방안을 제안했다. 첫 번째 단계는 통일전선의 압력을 통해 주한미군을 철수시키는 것이고, 두 번째 단계는 남한의 애국적 민주 세력이 남한의 권력을 장악하는 것이며, 세 번째 단계는 북한의 애국적 사회주의 세력과 남한의 애국적 민주세력 간의 협상을 통해 평화적으로 통일의 위업을 성취하는 것이다.**

---

* 김일성, 「조국통일위업을 실현하기 위하여 혁명력량을 백방으로 강화하자」, 김일성, 『김일성 저작집(18)』, 246-266쪽.

** 정용길, 「북한 통일정책의 특성과 한반도 통일 전망」, 신정현 편, 『북한의 통일정책』, 386-387쪽.

② 1960년 '연방제 통일방안'

1960년 4·19 혁명이 일어나고 4개월 후인 8월 14일 김일성은 8·15 해방 15돌 경축대회에서 '남북총선거'를 통한 완전한 통일에 앞서, 과도기적 연방제 통일을 먼저 하자는 통일방안을 제시했다. 이 제안은 4·19 혁명 이후 혼란을 겪고 있는 남한의 국론 분열을 더욱 심화시키려는 의도가 포함된 평화적 공세이기도 했다.[*] 이 과도기적 연방제 통일방안은 세 가지 주장으로 구성되어 있다.

첫째, 이 연방제 방안은 당분간 남북한의 현재 정치제도를 그대로 두고 북한 정부와 대한민국 정부의 독자적인 활동을 보존하면서 동시에 두 정부의 대표들로 구성되는 '최고민족위원회'를 조직하여, 주로 남북한의 경제문화 발전을 통일적으로 조절하는 방법으로 통일을 하자는 것이다.

둘째, 이 연방제 실시로 남북의 접촉과 협상이 보장되면, 상호이해와 협조가 가능해질 뿐만 아니라, 상호간의 불신도 없애게 될 것이다. 이러한 조건에서 자유로운 남북 총선거를 실시한다면 조국의 완전한 평화 통일이 실현될 수 있다.

---

[*] 김창희, 『남북관계와 한반도 평화』, 서울: 삼우사, 2019, 357쪽.

셋째, 이러한 연방제 실시는 비록 각계각층을 망라하는 통일적인 연합정부가 수립되지 않아서 통일적인 국가적 지도는 못하더라도 이 연방의 '최고민족위원회'에서 전 민족 구성원에게 이익이 되는 경제·문화적 문제들을 협의하고, 남북한의 경제문화 교류와 상호협조를 보장한다면 어려움에 처한 남한의 경제적 파국을 수습할 수 있을 것이다.*

이와 같이 1960년에 제안된 '연방제 통일방안'은 과도기적 '연방체제' 하에서 북한의 경제적 우세를 바탕으로 남북 경제문화 교류를 활성화한 후, 남북 총선거를 통해 북한 체제 중심으로 한반도를 통일하고자 한 것이다.

③ '조국통일 5대 방침'(연방제 통일방안)

1960년에 제안된 과도기적 연방제 통일방안은, 1972년 7.4남북공동성명 발표 다음 해인 1973년 6월 23일 발표된 '조국통일 5대 방침'에서 더 구체화되었다. '조국통일 5대 방침'은 김일성이 체코슬로바키아 공산당 제1서기 후사크를 환영하는 군중대회에

---

* 김일성, 「조선인민의 민족적 명절 8·15 해방 15돐 경축대회에서 한 보고」, 『김일성 저작집(14)』, 평양: 조선로동당출판사, 1981, 243-244쪽.

서 행한 연설에서 처음으로 제기되었다. 김일성이 발표한 '조국 통일 5대 방침'의 주요 내용은 다음과 같다.

첫째, 남과 북이 방대한 무력을 가지고 군사적으로 대치하고 있는 그 자체가 한반도 평화를 위협하는 큰 요인이기 때문에 남과 북은, 군사적 대치상태를 해소하고 긴장상태를 완화하여야 한다. 이를 위해 무력증강과 군비경쟁을 중지하고, 모든 외국군대를 철거하며, 군대와 군비를 축소하고, 외국으로부터 무기반입을 중지하며, 평화협정을 체결하여야 한다.

둘째, 남북 관계를 개선하고 남북의 통일을 촉진시키기 위해서 남북 사이에 정치, 군사, 외교, 경제 등 여러 분야에 걸쳐 다방면적인 합작과 교류를 실현하여야 한다. 이러한 합작과 교류는 끊어졌던 민족적 유대를 다시 잇고 통일의 전제조건을 마련하는데서 중요한 의의를 가진다.

셋째, 한반도 통일 문제를 우리 인민의 의사와 요구에 맞게 해결하기 위해서 남과 북의 광범위한 각계각층 인민들이 한반도 통일을 위한 전 민족적인 애국 사업에 참여할 수 있도록 하여야 한다. 한반도 통일을 위한 '대민족회의' 소집이 이루어져야 하며, 이 회의에는 남북 당국자뿐만 아니라 노동자, 농민, 지식인, 청년학생, 정당 및 사회단체 대표들도 참여하여야 한다.

넷째, 한반도 통일을 앞당기기 위해서 남과 북에 현재 존재하는 두 제도를 당분간 그대로 두고, 단일국호에 의한 남북 연방제를 실시하여야 한다. 남북연방제를 실시할 경우 연방국가의 국호는 한반도에 존재했던 통일국가 중 세계에 널리 알려져 있는 '고려'라는 이름을 살려 '고려연방공화국'으로 하는 것이 좋다. '고려연방공화국'의 창설은 한반도의 분열을 막고, 남과 북 사이의 연계와 합작을 전면적으로 실현하며, 완전한 통일을 앞당기는 결정적 국면을 열어 놓게 될 것이다.

다섯째, 유엔에 현재의 남북한이 별도로 가입해서는 안 되며, 나라의 통일이 이루어지기 전에 유엔에 들어가려고 한다면 적어도 연방제라도 실현된 다음 '고려연방공화국'의 국호를 가지고 하나의 국가로 들어가야 한다.*

위에서 구체적으로 설명한 '조국통일 5대 방침'은 '고려연방공화국'이라는 통일국가의 국호를 처음으로 제시하였고, '대민족회의' 소집으로 민족적 단결을 먼저 촉진시킨 후 과도기 형태의 '연방제 통일국가'를 구성하자는 절차를 제시했다는 점에서 북한의

---

* 김일성, 「조국통일 5대방침에 대하여」, 『김일성 저작집(28)』, 평양: 조선로동당출판사, 1984, 398-402쪽.

이전 통일방안과 구별된다.

3. 5·18 광주민주화운동에 대한 평가와 통일정책

　1970년대를 지나면서 북한의 정치, 경제에 큰 변화가 생겼다. 먼저 정치적인 면에서 김정일이 김일성의 후계자로 등장하였다. 김정일은 1972년 10월 당중앙위원회 전원회의에서 당 중앙위원에 임명되었고, 1973년 9월 전원회의에서는 당의 핵심 지위인 조직지도비서와 선전선동비서로 선출되었다. 그리고 1980년 10월 조선노동당 6차 당 대회에서 김정일은 정치국 상무위원회 위원, 당 중앙위원회 비서, 당 중앙군사위원회 위원으로 추대되면서 김일성 후계자로서의 지위가 내외에 공식 천명되었다.

　한편 경제적인 면에서 북한은 1970년대에 일본 및 일부 유럽 국가들로부터 자본 설비와 기술 도입에 필요한 차관을 들여왔는데, 석유 위기와 비철금속의 가격 하락으로 결국 25억 달러에 달하는 차관을 상환하지 못해 채무불이행 상태에 빠지고 말았다.*

여기에 더하여, 1970년대에 남한이 군사력을 지속적으로 증강시켜서, 1980년에는 남한의 군사력이 북한의 군사력을 앞지르게 되었다.**

이와 같이 5·18 광주민주화운동이 일어났던 1980년 남북한의 역량관계는 이전 1960년 4·19 혁명 때의 북한의 강한 우세에서, 남한의 약한 우세로 전환되어 있었다. 이러한 상황에서 북한은 5·18 광주민주화운동을 어떻게 평가, 대응했으며, 어떤 통일정책을 전개해 나갔는지 살펴보고자 한다.

1) 5·18 광주민주화운동 개관

1979년 10월 26일 박정희 대통령이 암살당한 후, 전두환 보안사령관을 중심으로 한 신군부는 12월 12일 정승화 계엄사령관을 최규하 대통령의 허락 없이 체포 구금하는 12.12군사 반란을

---

* 김성보 외, 앞의 『북한현대사』, 299쪽.
** 함택영, 「남북한 군비경쟁과 군축전망」, 경남대학교북한대학원 편, 『남북한 관계론』, 서울: 한울아카데미, 2005, 242쪽.

일으켰다. 이후 신군부는 내각 개편에 개입하고, 자기 파벌 중심으로 군 인사를 단행함으로써 최규하 정부를 철저히 무력화시켰다. 1980년 5월 17일, 신군부는 비상계엄 전국 확대, 각급 학교 휴교조치, 국회 해산, 국가보위비상대책회의 설치 등을 대통령에게 요구하였고, 무장 군인들이 회의장을 포위한 가운데 진행된 국무회의에서 신군부의 요구사항들이 의결되었다.*

이러한 신군부의 권력 장악에 대한 저항이 국무회의 다음 날인 5월 18일 광주에서 시작되었다. 5월 18일 전남대 학생들이 전남대 교문 앞에서 시위에 나섰고, 이 시위를 전남대에 배치되어 있던 7공수여단 부대원들이 무자비하게 진압했다. 이 사건을 계기로 많은 학생들이 가두시위에 동참하여 '비상계엄 해제하라', '전두환 물러가라' 등을 외쳤다. 공수부대원들은 학생 시위대를 곤봉과 대검을 사용하여 가혹하게 진압하였고, 이에 격분한 광주시민들이 19일 오후부터 시위에 동참하였다. 21일 약 10만 명의 광주시민들이 금남로에 모여 시위를 했는데, 이 시위대를 향하여 도청을 점령하고 있던 공수부대원들이 약 10분간 무차별

---

* 김용철 외, 앞의 『현대 한국정치의 이해』, 202쪽.

사격을 가했다. 이에 대항하여 시민들은 예비군 무기창고에서 소총을 노획, 무장하면서 시가전이 발생했다.

신군부는 일단 부대를 광주에서 철수시킨 후 광주로 통하는 모든 교통과 통신을 차단한 채 광주를 고립시켰다. 5월 22일부터 25일까지 광주는 시민들의 자치 지대가 되었고, 시민들은 5·18 수습대책위원회를 결성하여 계엄사와 협상을 시도하는 동시에 무기를 회수하기 시작했다. 수습대책위원회는 계엄군과 협상을 시도하였지만 계엄군이 무기 회수만을 요구함에 따라 협상은 무산되었다. 결국, 27일 새벽 계엄군은 탱크와 총으로 무장한 공수부대원을 동원하여 전남도청을 무력으로 점령함으로써 광주민주화운동은 막을 내리게 되었다.*

2009년 광주광역시는 광주민주화운동 29주년을 맞아, 광주민주화운동과 관련하여 목숨을 잃거나 다친 사람을 집계하였는데, 모두 5,189명으로 확인되었다. 이 중 사망자가 155명, 행방불명자가 76명, 부상 뒤 숨진 사람이 101명, 부상자가 2,277명 등이다. **

---

* 차수봉, 「5.18 광주민주화운동의 헌법이론적 고찰」, 『강원법학』 40권, 강원대학교, 2013, 394-395쪽.
** 〈경향신문〉 2009년 5월 17일.

2) 5·18 광주민주화운동에 대한 북한의 평가

북한은 1980년 5월 20일 "조선로동당을 비롯한 각 정당들과 사회단체들의 연합 성명"을 통해, 남한 신군부가 5월 18일 0시를 기해 '전국 비상계엄령'을 선포하여 모든 정치활동을 중지시키고, 언론을 봉쇄했으며, 학교 문을 닫고 파업을 금지시켰다고 북한 주민들에게 알리는 동시에, 남한 정부에게 남한 주민들의 요구대로 '비상계엄령'을 즉시 해제하고, 청년학생들과 민주인사들에 대한 탄압을 중지하며, 체포·구금된 모든 사람들을 석방하라고 요구했다. 그러면서 미국이 이 모든 사태에 책임이 있다고 주장하였다.* 그리고 광주민주화 운동의 진행 상황에 대해서, 1980년 5월 18일부터 31일까지 매일 〈노동신문〉 1면 기사를 통해 생생하게 보도했다.

이후 북한은 매년 5월 18일에 즈음하여 "남조선 군사파쑈도당의 광주대학살만행을 규탄하는 평양시 군중대회"를 개최하고, 〈노동신문〉에 관련 사설과 논설을 게재하는 등 광주민주화운동

---

* 〈로동신문〉 1980년 5월 21일.

을 대남 사상교육 도구로 활용하고 있다.

평양시 군중대회 연설자의 보고문과 〈노동신문〉 관련 사설, 논설 분석을 통해 북한이 광주민주화운동의 발생 원인과 과정, 결과와 의미를 어떻게 설명하고 있는지 살펴보고자 한다.

(1) 광주민주화 운동의 발생 원인과 과정

광주민주화 운동이 발생한 원인과 의미에 대해서 북한은 다음과 같이 주장한다. 10.26사태로 박정희 대통령이 암살당한 이후 남한 주민들은 유신체제를 하루빨리 청산하고 새 정치, 새 제도를 확립하여 자주, 민주, 통일이 이루어지기를 열망하였지만, 미국과 미국의 부추김을 받은 '유신 잔당'인 전두환을 중심으로 한 신군부가 남한에 '식민지 군사 파쇼 체제'를 지속시키기 위해서 5월 17일 비상계엄령을 전국으로 확대 실시하고, 남한을 준 전쟁 상태로 몰아넣은 채, 민주인사들과 애국 청년학생들을 무더기로 체포하는 폭거를 감행함으로써 광주민주화 운동이 일어나게 되었다.[*]

---

[*] 〈로동신문〉 1982년 5월 18일; 〈로동신문〉 1983년 5월 18일.

따라서 광주민주화 운동은 유신 통치 체제를 부활시키려는 미국과 신군부들의 범죄적 책동을 반대하여 일어난 정의의 "반파쇼 민주항쟁"이며, 자주, 민주, 통일을 위하여 광주라는 도시 전체가 항쟁의 불길이 되고 시민 전체가 항쟁의 투사가 되어 용감히 싸운 "대중적 투쟁"이었고, 신군부의 반혁명적 투쟁에 대중적 항쟁으로 대항해 나선 "영웅적인 인민 봉기"이다.*

한편, 북한은 광주민주화 운동의 진행 과정을 다음과 같이 설명한다. 5월 18일 전남대 학생들의 시위투쟁을 발단으로 광주시민들과 청년학생들이 '비상계엄령을 해제하라', '유신체제를 철폐하라', '전두환은 퇴진하라', '양키는 물러가라'고 외치면서 항쟁의 거리에 떨쳐나서면서 광주인민봉기는 시작되었다. 광주민주화 운동에는 광주시와 그 주변의 노동자, 농민, 청년학생, 실업자, 지식인, 소상공업자, 종교인, 기업가들과 서울 등 다른 지역에서 모인 학생 등 연 100여만 명의 군중들이 참가하였으며, 이들은 '민주투쟁위원회'와 '시민군'을 비롯한 자치단체와 무장조직을 결성하고 투쟁을 조직적으로 벌였다. 그럼으로써, 적(계엄

---

* 〈로동신문〉 1984년 5월 19일.

군)들에 의해 온 도시가 사면팔방으로 포위되고 음료수와 식료품 공급마저 두절된 최악의 상태에서도 도청을 비롯한 통치기관들을 점령한 가운데 무려 10일간이나 광주를 사수할 수 있었다.

광주인민봉기 참가자들의 격렬한 투쟁에 당황한 미국은 자기의 관할하에 있는 여러 개 사단의 군병력과 기갑부대 무력을 전두환 신군부에게 넘겨주면서 봉기 군중을 "무쇠주먹으로 진압하라"고 명령을 내렸으며, 주한미군은 '계엄령'을 선포하고 항공모함을 비롯한 각종 전투함정들과 항공기들을 남한과 그 주변에 끌어들여 신군부의 살육만행을 뒷받침해 주었다.

미국의 부추김과 적극적인 비호 밑에 전두환과 노태우를 중심으로 한 신군부는 시민 살육 작전에 악명 높은 공수특전대를 비롯한 7만여 명의 대병력과 150여 대의 탱크와 장갑차, 100여 문의 대포, 대형 헬리콥터와 미사일까지 동원하여 광주시에서 5,000여 명의 주민들을 학살하고 1만 4,000여 명을 부상 입혔으며, 목포, 화순, 나주, 여순, 순천 등지에서도 1,700여 명의 주민들을 살상하였다고 진단한다.*

---

* 〈로동신문〉 1986년 5월 18일; 〈로동신문〉 1989년 5월 18일; 〈로동신문〉 1990년 5월 18일; 김일성, 「쏘련 따쓰통신사대표단과 한 담화」, 『김일성 저

(2) 광주민주화 운동의 결과와 교훈

북한은 광주민주화 운동에서 남한 주민들이 애국적 기개와 불굴의 투지를 발휘하여 자랑할 만한 위훈을 세우긴 했지만, 미국과 신군부의 강경한 진압으로 봉기자들의 염원을 실현하지 못한 채 막을 내리고 말았다고 평가한다. 북한은 광주민주화 운동이 남한 주민들의 투쟁에 다음의 두 가지 교훈과 한 가지 중요한 성과를 남겨 주었다고 주장한다.*

첫째, 광주인민봉기는 자유, 민주주의, 나라의 평화통일을 위한 남한 주민들의 투쟁이 승리하자면 무엇보다도 남한의 식민지 통치자이며 군사통치의 장본인인 미국을 반대하는 투쟁을 전개해 나가야 하며, 미국의 식민지 통치를 청산하기 위한 투쟁을 우선적 과제로 진행해 나가야 한다는 교훈을 남겼다. 즉 주한미군 철수와 식민지 통치를 끝장내기 위한 전 인민적인 반미구국 투쟁을 과감히 벌이지 않고서는 남한 주민들이 자주, 민주, 통일을 위한 자기들의 염원을 실현할 수 없다.

작집(38)』, 평양: 조선로동당출판사, 1992, 285쪽.

* 〈로동신문〉 1986년 5월 18일; 〈로동신문〉 1990년 5월 18일; 〈로동신문〉 1992년 5월 19일.

둘째, 광주인민봉기는 남한 주민들이 자기들의 해방투쟁에서 승리하자면 남한의 광범위한 지역과 각계각층 주민들과의 밀접한 연대성을 형성하고, 통일적인 지휘 밑에 공동투쟁을 벌여야 하며, 군부의 무력 탄압에 대해서 능숙한 전략전술로 대처해 나가야 한다는 교훈을 남겼다. 전체 남한 주민들이 공동투쟁을 전개할 때에만 적들의 무력탄압을 물리치고 최후 승리를 쟁취할 수 있다는 것이다.

그리고 광주민주화 운동이 남긴 중요한 성과는, 광주민주화 운동을 계기로 미국에 대한 환상이 깨지고, 남한 주민들 자신이 겪고 있는 온갖 불행과 고통에 대한 모든 책임이 전적으로 남한을 강제로 점령하고 식민지 군사 통치를 실시하고 있는 미국에 있다는 것을 똑똑히 알게 됨으로써, 투쟁의 예봉이 미국으로 돌려지게 되었으며, 남한 주민들이 미국의 식민지 예속화 정책, 전쟁정책, 민족분열정책을 반대하는 반미 자주화 투쟁에 나서게 되었다. 남한 청년학생들과 주민들은 반미자주화의 구호를 들고 도처에서 '미국문화원'에 불을 지르고, 미국 '성조기'를 불태우며 '미국은행'과 같은 미국인 기관들을 기습 점거하는 과감한 투쟁을 벌이게 되었고, 더 나아가 반전, 반핵, 미군철수 등 미국의 식민지 통치를 끝장내기 위한 시민운동을 전개하게 되었다. 이에 더하여, 광주민주화 운동은 민족의 해방과 독립, 자주를 이루기 위해 싸우고 있는 세계 피압박 인민들의 투쟁을 크게 고무시켰다고 평가한다.

3) 1980년대 북한의 통일정책

북한의 역량이 남한에 비해 약해지기 시작한 1980년대에, 김일성은 경제적 어려움을 인정하는 한편, 대남 통일정책과 관련하여, 광범위한 '통일전선'을 형성하는 것이 매우 중요하다는 것과 광주학살 사건을 계기로 남한 주민들 사이에 전두환 등 남한 '군사파쇼분자'들에 대한 증오심이 더욱 높아진 점을 충분히 활용할 필요가 있음을 강조하였다.[*] 김일성의 상황 인식은 1983년 전두환 대통령 암살시도와 남한 독재정권을 인정하지 않은 상태에서 통일전선의 성격[**]을 띤 '최종 통일국가 형태'의 '고려민주연방공화국 창립 방안' 제시로 구체화되었다.

---

[*] 김일성, 「뻬루 조선친선문화협회 대표단과 한 담화」, 『김일성 저작집(35)』, 152-154쪽.

[**] 김성보 외, 앞의 『북한현대사』, 306쪽.

(1) 1983년 전두환 대통령 암살 시도

1983년 10월 9일 미얀마의 수도 양곤에 있는 아웅산 묘소에서 미얀마를 방문하고 있던 한국 외교사절 다수가, 전두환 대통령을 암살하라는 김일성의 최종 지시*를 받고 공작에 투입된 북한 테러분자들의 폭파 암살 작전으로 사망하거나 중상을 입는 사건이 발생했다. 이날 미얀마를 친선 방문 중이던 전두환 대통령은 아웅산 묘소를 참배하기로 되어 있었고, 이 행사를 준비하기 위하여 미리 묘소에 가 있던 서석준 부총리 이하 정부 요인, 취재 기자 등 17명이 북한 테러분자가 설치한 폭발물의 폭파로 사망하고, 함참의장 이기백 등 14명이 중경상을 입었다.**

버마 정부는 사건 발생 즉시 조사단을 구성하여 철저한 조사를 실시했고, 그 결과 보고서를 1983년 10월 39차 유엔 총회에 제출했다. 보고서에 의하면, 이 암살 작전에 투입된 3명의 공작원(진용진 소좌, 강민철 상위, 신기철 상위)은 북한군 인민무력부 정찰국 산하 특수부대 소속 장교로 북한군 소장 강창수의 지령을 받고 북한 웅진에서 미얀마로 건너왔다. 이들은 아웅산 묘소 지

---

* '암살에 테러 … 막무가내식 북한 외교', 〈KBS〉(검색: 2020.8.27.)
** 김형기, 『남북관계 지식사전』, 서울: 통일부 통일교육원, 2015, 422쪽.

붕을 타고 올라가 천장과 지붕 사이에 원거리 조종 폭탄을 장치한 후, 전두환 대통령의 도착을 기다리고 있다가, 사건 당일 한국 국빈들 차량이 아웅산 묘소로 들어오는 것을 보고 팀장인 진용진 소좌가 전두환 대통령 입장으로 판단하여 원거리 조정 장치를 이용해 폭탄을 폭발시켰다. 이 사건 이후 버마 정부는 한국에 조문사절을 보내는 한편, 생포된 진용진 소좌, 강민철 상위 등 주범 2명에 대해 사형을 선고하였으며, 1983년 11월 4일 자로 북한에 대한 정부 승인을 취소하고 국교를 단절하는 한편, 양곤에 있는 북한대사관 직원들에게 24시간 이내로 미얀마를 떠날 것을 요구하였다.*

이에 대하여 북한은 유엔 안보리와 총회에 제출한 서한을 통해, 전두환 대통령의 미얀마 방문 이전부터 북한 대사관과 외교관들은 미얀마 당국의 철저한 감시를 받고 있었을 뿐만 아니라, 사건 현장인 아웅산 묘지에 대한 통제가 심해서 접근조차 할 수 없었다고 강조했다. 그리고 이 사건은 아웅산 묘지에 접근 가능했던 남한 요원의 소행이며, 당시 남한에서 일어나고 있던 반미,

---

* 〈중앙일보〉 1984년 10월 4일, 4면.

반파쇼 민주운동의 위기에서 벗어나기 위해서 전두환 역도가 만들어낸 '충격적인 자작극(shocking drama)'이라고 주장했다.*

(2) '고려민주연방공화국' 창립 방안**

1980년 10월 김일성은 조선노동당 6차 당 대회 총화보고에서, 이전의 '남북총선거'에 의한 통일을 이루기 위한 '과도기적 연방제' 통일방안에서 벗어나 '최종 통일국가' 형태의 '연방제' 통일방안을 제안했다. 이는 남한에 대한 북한의 우세가 사라져서, '남북총선거'를 실시할 경우 북한 사회주의 체제로의 통일이 실현되기 어렵다는 판단에 근거한 것이다.

김일성은 고려민주연방공화국 창립 방안을 구체적으로 설명하기에 앞서 5·18 광주민주화운동과 그 이후 남한의 상황을 소개하였다. 그에 의하면, "남한의 신군부가 한미연합사령부의 지시 밑에 중무장한 군부대들을 동원하여 생존의 권리와 민주주의를 위하여 떨쳐나선 광주의 애국적 인민들과 청년학생들을 야수

---

* 「유엔안보리 문서 S/16743」, 1984.9.17.
** 김일성, 「조선로동당 제6차대회에서 한 중앙위원회 사업총화보고」, 『김일성 저작집(35)』, 평양: 조선로동당출판사, 1987, 341-355쪽.

적으로 학살하고 닥치는 대로 검거 투옥하였다". 또한 "신군부는 사회의 민주화와 조국의 통일을 요구하는 남한의 저명한 민주인사들과 정치 활동가들을 모조리 잡아 가두고 내란음모죄, 반공법위반죄 등 여러 가지 죄명을 날조하여 처형하고 있다." "오늘 남한은 대중적 살해 만행이 공공연히 감행되고 주민들의 자유와 권리가 무참히 짓밟히는 20세기 말기의 가장 참혹한 인간 생지옥으로 변화되었다. 따라서 미국과 미국의 앞잡이인 현 정부를 청산하고 남한 주민들과 조국 통일을 이룸으로써, 남한 주민들이 겪고 있는 불행과 비극을 끝내고, 민족의 밝은 앞길을 열어갈 수 있다."고 하였다.

이러한 배경 하에 제안된, 김일성의 고려민주연방공화국 창립 방안은 크게 세 부분으로 나누어진다. 첫 번째는, 연방공화국 창립을 위한 전제조건, 두 번째는 연방공화국의 통치 기구, 세 번째는 연방공화국의 10가지 '정책의 원칙과 내용'(시정방침)에 대한 것이다.

첫 번째, '연방공화국' 창립을 위한 전제조건 세 가지는, 남한에서 군사 통치를 청산하고 사회의 민주화를 실현하는 것, 한반도에서 긴장상태를 완화하고 전쟁 위험을 제거하는 것, 미국의 한반도 간섭을 끝장내는 것이다. 먼저, 남한의 민주화를 실현하기 위해서 '반공법'과 '국가보안법'을 비롯한 악법을 폐지하고, 폭압 통치 기구를 없애야 하며, 모든 정당·사회단체들을 합법화하고 정당·사회단체·개별적 인사들의 자유로운 정치 활동을 보장하여야 하며, 부당하게 체포·투옥된 민주인사들과 애국적 시민들을 석방하고, 그들에게 가해진 모든 형벌을 무효로 하여야 한다. 그리고 한반도의 긴장상태를 완화하고 전쟁위험을 제거하기 위해서 정전협정을 평화협정으로 바꾸어야 하며, 이를 논의하기 위해 북한은 미국과 협상할 용의가 있다. 마지막으로, 남한을 식민지로 만들고 남한의 군부 통치자들을 비호하고 있는 미국은 남한에 대한 내정간섭정책을 그만두어야 한다.

두 번째, 연방공화국의 통치기구는 '최고민족연방회의'와 '연방상설위원회'이다. '최고민족연방회의'는 동수(同數)의 남북 대표들과 적당한 수의 해외동포대표들로 구성된다. 최고민족연방회의는 연방국가의 통일정부인 연방상설위원회를 조직·지도하며 전반적인 국가사업을 관할한다. 연방상설위원회는 통일정부로서 전 민족의 단결, 합작, 통일의 염원에 맞게 공정한 원칙에서 정치문제와 국가방위문제, 대외관계 문제를 토의·결정한다.

한반도 남쪽과 북쪽의 지역 정부들은 연방정부의 지도 밑에 전 민족의 근본 이익과 요구에 맞는 범위에서 독자적인 정책을 실시하며, 모든 분야에서 남과 북 사이의 차이를 줄이고 나라와 민족의 통일적 발전을 위하여 노력한다.

세 번째, 연방공화국의 열 가지 시정 방침은 국가 활동의 모든 분야에서의 자주성 견지와 자주적 정책 실시, 국가의 전 지역과 사회 모든 분야에서의 민주주의 실시와 민족대단결 도모, 쌍방 간의 경제적 합작과 교류 실시 및 민족경제의 자립적 발전, 과학과 문화 분야에서의 교류와 협력 실시, 교통과 체신망의 복원과 자유로운 활용, 전체 인민 생활의 안정과 복리 도모, 쌍방 간의 군사적 대치 상태 해소와 민족연합군 조직, 해외동포들의 민족적 권리와 이익 옹호, 통일 이전에 남북한이 맺은 대외관계의 재조정, 세계 모든 국가들과의 관계발전 및 평화적 대외정책 실시이다. 특히, 김일성은 대외 정책에서 '주한미군 철수'를 염두에 두고, 연방국가는 외국 군대의 주둔이나 외국 군사기지의 한반도 설치 등을 허용해서는 안 되며 핵무기의 생산과 반입 및 사용을 금지하고 한반도를 평화지대 및 비핵지대로 해야 한다고 주장하였다.

이 '고려연방공화국' 창립 방안은 남한 정부의 배제에 기초하고 있고, 남한과 미국 정부가 받아들일 수 없는 전제조건을 제시하고 있다는 점에서, 남한 내부 분열을 촉진하고, 진보적인 남한

단체들과 통일전선을 형성하고자 하는 일종의 평화공세로 이해
할 수 있다.

4. 87년 6월 항쟁에 대한 북한의 평가와 통일정책

6월 항쟁이 일어났던 1987년 이후 남한의 역량은 북한을 압도
하게 되었다. 먼저, 1988년 서울올림픽의 성공적 개최로 남한의
국제적 위상이 높아졌고, 3저 호황 등으로 1987년 12.5%, 1990년
9.8%, 1995년 9.6%의 경제 성장률을 기록했다. 이에 반해, 1980
년대 말부터 북한은 급격한 대외환경의 변화로 대내외적 어려
움에 직면하였다. 소련의 붕괴 및 사회주의 진영의 체제 전환으
로 미국이 세계 유일 초강대국으로 부상하였고, 남한과 소련이
1990년에 그리고, 남한과 중국이 1992년에 국교를 정상화하는
등 북한에게 불리한 국제 환경이 조성되었다. 한편, 북한 경제는
사회주의 경제체제의 경직성과 비효율성, 동유럽 사회주의 시장
의 소멸 등으로 1990년 -4.3%, 1995년 -4.4% 성장하였고, 식량,

에너지, 외화 부족에 따른 극심한 경제난에 직면하였다.* 군사력 면에서도, 북한이 중국과 소련의 군사적 지원을 기대하기 어려운 상황에서, 한미 연합군의 군사적 능력 강화는 북한에 큰 위협이 되었다.**

이러한 상황에서 북한은 87년 6월 항쟁을 어떻게 평가, 대응했으며, 이후 어떤 통일정책을 전개해 나갔는지 살펴보고자 한다.

1) 87년 6월 항쟁 개관

1987년 6월 항쟁을 촉발시킨 사건은 전두환 대통령의 4.13호헌조치와 5월 18일 폭로된 박종철 고문치사 사건이었다. 이 두 사건은 민주화를 향한 국민들의 억눌린 열망을 한꺼번에 분출시키는 계기가 되었다.***

---

* 통일부 통일교육원, 『2020 북한 이해』, 서울: 통일부 통일교육원, 2020, 86쪽, 162-163쪽.

** Victor D. Cha, The Problem of Post-Cold War Policy Templates and North Korea, *North Korea in Transition and Policy Choices*, (Seoul: Kyungnam University Press, 1999), p.235.

*** 김용철, 지충남, 유경하, 『현대 한국정치의 이해』, 정독, 2018, 243쪽.

4·13 호헌조치란 1987년 4월 13일 전두환 대통령이 특별담화를 통해, 1988년 서울올림픽 이후까지 개헌에 관한 모든 논의를 일체 금지하고, 당시 헌법으로 차기 대통령을 선출하겠다는 것이었다. 전두환 대통령은 평화적 정권교체와 서울올림픽 개최라는 긴급한 과제를 먼저 해결하고 나서 개헌을 논의하는 것이 순서라고 주장했다. 하지만 이 특별담화는 대통령 선거인단이 아닌, 모든 국민들이 직접 대통령을 선출하는 대통령 직선제를 갈망하던 국민들에게 실망과 분노를 안겨주었다.

한편 5·18 광주민주화운동 7주년인 1987년 5월 18일, 명동성당 기념미사에서 정의구현사제단 김승훈 신부는 지난 1987년 1월 14일 발생한 '박종철 군 고문치사 사건'의 진실이 조작되었다고 폭로했다. 이 폭로를 시발점으로 하여 전국 대학에서는 수천명의 학생들이 시위를 벌이며 고문 축소 조작을 규탄하고 4.13 호헌 조치 철회를 요구했다. 이러한 상황에서 1987년 5월 27일 '민주헌법쟁취 국민운동본부'라는 민주화 투쟁을 위한 최대 연합조직이 결성되었고, 국민운동본부는 당시 여당인 민정당 대통령 후보 지명일인 6월 10일에 맞추어 '고문 살인 조작 규탄 및 호헌철폐 국민대회'를 개최하였다. 6월 10일의 국민대회는 '6월 민주항쟁의 시작'이었다. 6월 26일 100만 명이 넘는 시민과 학생들이 참여한 '국민평화대행진'이 개최되면서, 전두환 정부와 민정당은 국민의 저항을 더 이상 막을 수 없다고 판단하였다.[*]

결국 6월 29일 민정당 대통령 후보 노태우는 '국민 대화합과 위대한 국가로의 전진을 위한 특별선언(일명, 6.29선언)'을 통해, 대통령 직선제 개헌을 수용하고, 개헌을 통해 만들어진 새 헌법에 따라 대통령 선거를 하겠다고 발표했다. 노태우 후보의 6.29 선언을 통해 대통령의 체육관 선출이 중단되고, 정치 활동에 대한 과도한 규제가 해소됨으로써 남한의 민주정치는 한 단계 더 발전하게 되었다.[**]

2) 87년 6월 항쟁에 대한 북한의 평가

북한은 6월 10일 남한에서 1만여 명의 대학생들이 반정부 집회와 시위에 참석하여 미국 깃발을 불태우며 반미투쟁을 전개했다는 것과 '비상경계' 하에서 10여만 명의 경찰이 출동한 삼엄한 환경 속에서 '민정당 전당대회'가 개최되어 차기 대통령 후보로

---

[*] 강원택, 『한국정치론』, 서울: 박영사, 2019, 351-354쪽.

[**] 김창희, 『남북관계와 한반도 평화』, 서울: 삼우사, 2019, 121쪽.

노태우가 확정되었다는 것을 다음 날인 6월 11일 〈노동신문〉 1면 기사를 통해 보도했다.*

그리고 1987년 7월 2일 〈노동신문〉에는 6월 항쟁을 촉발시킨 박종철 고문치사 사건에 대한 심층기사가 게재되었다. 이 기사는 "남조선에서의 민주주의와 인권을 위한 국제법률가위원회와 국제민주법률가협회가 발표한 제소장"을 정리한 것으로, 박종철이 대공분실로 끌려가게 된 원인, 당한 고문의 종류와 가해자, 죽음 이후 사건의 은폐 축소 과정, 그리고 이 사건이 가져온 결과가 구체적으로 서술되었다.**

북한은 1988년부터 매년 6월 10일 〈노동신문〉 사설 또는 논설 기사를 통해 1987년 6월 항쟁의 발생 원인과 경과 그리고, 교훈을 소개한다. 북한이 87년 6월 항쟁을 어떻게 평가하고 있는지를 북한 〈노동신문〉 기사 분석을 통해 정리하고자 한다.

---

* 〈로동신문〉 1987년 6월 11일.
** 〈로동신문〉 1987년 7월 2일.

(1) 87년 6월 항쟁의 발생 원인과 진행 과정*

북한은 87년 6월 항쟁을 미국의 식민지 예속화 정책과 전두환,
노태우 일당의 군사독재를 반대하고, 남한의 자주화와 민주화,
조국 통일을 실현하기 위하여 남한 주민들이 힘을 합쳐 싸운 "정
의의 반미반파쇼 항쟁"이라고 규정한다. 이 항쟁은 인민대중의
직선제 개헌 요구를 차단하고 파쇼적인 현행 헌법에 의한 정권
이양을 선포한 전두환 정부의 '4.13조치'를 반대하여 일어났으
며, 이 반독재 투쟁은 6월 10일 노태우에 대한 '대통령 후보' 지명
을 도화선으로 하여 대중적인 반미반파쇼 투쟁으로 번져갔다.

청년학생들을 비롯하여 노동자, 사무원, 도시주민, 종교인, 정
치인 등 300여만 명의 각계각층 군중이 참가한 이 항쟁은 서울에
서 제주에 이르기까지 남한의 각 도 소재지를 포괄한 40여 개 도
시와 모든 대학들을 휩쓸며 20일 동안이나 계속되었다.

항쟁 군중들은 '독재타도', '호헌철폐', '직선제 개헌', '미국의 간
섭반대', '미제 축출', '민족통일' 등의 구호를 외치며, 전국 각지에
서 탄압하기 위해 출동한 12만 명의 경찰들에게 불벼락을 안기

---

* 〈로동신문〉 1988년 6월 10일; 〈로동신문〉 1989년 6월 10일.

어 징벌하였으며, 경찰서, 파출소, 관공서, 민정당 지구당 사무소 등을 습격하여 파괴하고 경찰차와 진압장비들을 불태웠다.

인민대중의 거센 항쟁의 파도에 밀려 더는 견딜 수 없게 된 압제자들은, 드디어 백기를 들고 나와 '6·29 시국 수습안'을 발표하고 직선제 개헌을 골자로 하는 '민주화 조치'를 수용하면서 '4·13 호헌조치'를 철회하였다.

(2) 87년 6월 항쟁의 교훈과 과제*

6월 항쟁 이후 치러진 대통령 선거에서 김대중 후보와 김영삼 후보가 단일화에 실패하면서, 민정당의 노태우 후보가 당선되었다. 이에 대해 북한은 6월 항쟁에서 주장했던 '독재타도'가 이루어지지 않은 것으로 평가하면서 두 가지 교훈을 제시하였다.

첫 번째는 투쟁의 결정적인 단계에서 기만적인 노태우 후보의 '민주화 선언'에 기대를 걸고 투쟁을 멈춤으로써 항쟁으로 만신창이가 된 군부 독재자들에게 숨을 돌릴 시간적 여유를 주었다. 군부 독재자의 '민주화 선언'은 사기적인 광고이자, 일시적인 퇴

---

* 〈로동신문〉 1990년 6월 10일; 〈로동신문〉 1991년 6월 10일; 〈로동신문〉 1993년 6월 11일.

각 전술에 지나지 않았다. 결국, 인민항쟁의 거센 열풍을 견디지 못하고 백기를 들고 나왔던 전두환, 노태우 일당은 '평화적 정부 이양'이라는 간판을 내걸고, 폭압과 속임수 속에 '대통령 선거'를 치러 군사정부를 연장했다. 그리하여 남한에서는 군정 종식과 민정 수립에 대한 절대다수 주민의 염원에도 불구하고 군사통치가 계속되게 되었고, 피어린 항쟁으로 모처럼 눈앞에 당겨왔던 민주화의 목표는 멀리 뒷전으로 사라지게 되었다.

두 번째는 자유와 민주주의, 나라의 통일을 위한 투쟁에서 승리하자면 반파쇼민주화 투쟁을 반미자주화 투쟁과 밀접히 결부시켜 철저히 진행하여야 하며, 압제자들의 회유 기만술책에 속지 말고 결정적 승리를 이룩할 때까지 투쟁을 계속 벌여나가야 한다. 미국은 식민지 군사 정권이 흔들리게 되자 기만적인 '6.29 민주화 선언'을 발표하게 조종하여, 대중적 투쟁을 소강상태에 들어가게 하고, 음모적인 방법으로 노태우 후보를 내세워 더 교활하고 악랄한 군사 정권을 조작해 내었다. 반미 자주화 투쟁은 민족 해방을 성취하고 민주와 통일을 이룩하기 위한 선결 과제이다. 미국의 식민지 통치를 종식시킴 없이는 남한 사회의 자주화도, 민주화도, 조국통일도 결코 실현될 수 없다. 남한 청년학생들과 주민들은 반미 자주화 구호를 전면에 들고 미국의 침략

과 간섭을 종식시키며, 주한 미군과 핵무기를 철수시키기 위한
반미, 반전, 반핵 투쟁을 계속 벌려 나가야 한다고 주장했다.

3) 1987년 이후 김일성 시기 북한의 통일정책

남한의 역량이 북한을 압도하는 상황에서, 김일성은 대남정책
의 주요 목표를 '한반도 공산화'에서 '체제 유지'로 전환하였다.
이러한 방침에 따라, 북한은 1990년 4월부터 남북고위급 회담을
시작하여 1991년 12월 13일 상호불가침이 포함된 '남북기본합의
서'를 수용하였고, 1991년 9월 남한과 함께 유엔에 동시 가입하
였다.* 그리고, 통일방안에서도, 1980년에 제안했던 고려민주연
방공화국 창립 방안에서 한발 물러난 '낮은 단계 연방제'를 제시
하였고, 흡수통일 배제와 민족 간의 단결을 강조하는 '민족대단
결 10대 강령'을 발표하였다.

---

* 김성철 외,『북한이해의 길잡이』, 서울: 박영사, 1999, 378쪽.

(1) 남북기본합의서 채택

북한의 전략적 환경이 급속히 악화되던 1990년 9월, 역사상 처음으로 남북 총리가 수석대표로 참가하는 고위급 회담이 시작되었다. 이 회담은 1992년 2월까지 6차례에 걸쳐 진행되었으며, 그 결과물로 〈남북 사이의 화해와 불가침 및 교류협력에 관한 합의(남북기본합의서)〉가 채택되었다. 이 합의서에는 남북 양측의 공식 국가 명칭이 사용되었고, 남한의 국무총리와 북한의 정무원 총리가 서명했으며, 양측 의회인 남한의 국회와 북한의 최고인민회의가 인준하였다.* 서문과 4개의 장, 25개 조항으로 구성**되어 있는 이 합의서의 중심 내용은 다음의 세 가지 사항으로 요약될 수 있다.

첫째, 남북한 상호관계에 대하여 규정하였고, 통일의 원칙을 재확인하였다.

1991년 9월 남북한이 유엔에 동시 가입하면서, 남한과 북한은 국제사회에서 개별국가로 인정을 받았다. 그럼에도 불구하고,

---

* 고병철, 「남북한 관계의 역사적 맥락」, 경남대학교 북한대학원 편, 『남북한 관계론』, 서울: 한울 아카데미, 2005, 53-43쪽.
** 한국자유총연맹, 『남북합의서와 평화통일』, 서울: 한국자유총연맹, 1992, 49-53쪽.

남북한은 기본합의서에서 남북 관계를 "나라와 나라 사이의 관계가 아닌 통일을 지향하는 과정에서 잠정적으로 형성되는 특수 관계"로 규정하였다. 이에 따라 남북 간의 물품거래는 "국가 간의 거래가 아닌 민족 내부 거래"*로 간주되어 북한에서 생산, 가공 또는 제조된 물품이 남한으로 들어오는 경우 관세를 부과하는 대신 부가세 등 내국세가 과세되고 있다.

이와 함께, 기본합의서는 7.4남북공동성명에서 천명된 조국통일 3대 원칙인, 자주, 평화, 민족대단결을 통일의 기본 원칙으로 재확인하였다.

둘째, 남북한이 상대방을 인정하고 무력으로 침략하지 않기로 약속하였다.

남북한은 서로의 체제를 무력으로 붕괴 또는 흡수하지 않겠다고 약속하였는데, 이와 관련된 조항으로는, "4조 남과 북은 상대방을 파괴, 전복하려는 일체 행위를 하지 않는다.", "9조 남과 북은 상대방에 대하여 무력을 사용하지 않으며 상대방을 무력으로 침략하지 아니한다.", "12조 남과 북은 불가침의 이행과 보장을

---

* 「남북교류협력에 관한 법률」 (법률 12398호) 제12조 (남북한 거래의 원칙)

위하여 이 합의서 발효 후 3개월 안에 남북군사공동위원회를 구성 운영한다. 남북군사공동위원회는 대규모 부대이동과 군사연습의 통보 및 통제문제, 비무장지대의 평화적 이용문제, 군 인사교류 및 정보교환 문제, 대량살상무기와 공격 능력의 제거를 비롯한 단계적 군축실현문제, 검증 문제 등 군사적 신뢰 조성과 군축을 실현하기 위한 문제를 협의 추진한다." 등을 들 수 있다.

셋째, 남북한의 교류 협력 활성화를 통해 남북한의 상호 이익을 실현하기로 약속하였다.

남북교류 협력을 약속한 기본합의서의 조항은 다음과 같다. "15조 남과 북은 민족경제의 통일적이며 균형적인 발전과 민족 전체의 복지 향상을 도모하기 위하여 자원의 공동개발, 민족 내부교류에서의 물자교류, 합작투자 등 경제교류와 협력을 실시한다.", "16조 남과 북은 과학, 기술, 교육, 문학, 예술, 보건, 체육, 환경, 신문, 라디오, 텔레비전 및 출판물을 비롯한 출판, 보도 등 여러 분야에서 교류와 협력을 실시한다." "18조 남과 북은 흩어진 가족, 친척들의 자유로운 서신거래, 왕래와 상봉 및 방문을 실시하고 자유의사에 의한 재결합을 실현하며, 인도적으로 해결할 문제에 대한 대책을 강구한다." "19조 남과 북은 끊어진 철도와 도로를 연결하고 해로, 항로를 개설한다."

남북 고위급 대표단은 남북기본합의서 채택을 최종 결정한 후 김일성과 간담회를 가졌다. 이 자리에서 김일성은 남북기본합의서 발효가 "나라의 평화와 통일을 지향해 나가는 데서 하나의 이정표가 되는 획기적인 사변"이며, "조국의 자주적 평화통일을 향한 귀중한 첫 걸음"이라고 평가했다. 그리고 "이제 나라 안에 외국 군대가 있을 필요도, 외국의 군사기지가 있을 필요가 없다. 이 문제 해결을 위한 결단을 내려야 한다"고 하면서, 남한의 주한미군 철수를 강력히 요구하였다.*

(2) 낮은 단계 연방제

김일성은 1991년 신년사를 통해 낮은 단계 연방제를 우선 도입하는 논의를 시작할 것을 남한에 제안했다. 즉, "서로 다른 두 제도가 한반도에 존재하고 있는 상황에서 조국통일은 누가 누구를 먹거나 누구에게 먹히지 않는 원칙에서 하나의 민족, 하나의 국가, 두 개 제도, 두 개 정부에 기초한 연방제 방식으로 실현"되어야 한다면서, 남과 북이 서로 다른 제도를 가지고 있는데 "이

---

* 김일성, 「북과 남이 힘을 합쳐 나라의 평화와 통일의 길을 열어나가자」, 『김일성 저작집(43)』, 평양: 조선로동당출판사, 1996, 289-291쪽.

두 제도를 하나의 제도로 만드는 문제는 앞으로 천천히 순탄하게 풀어나가도록 후대들에게 맡겨도 되지만 사상과 제도의 차이를 초월하여 하나의 민족으로서 하나의 통일국가를 세우는 일은 더 이상 미루지 말아야 한다"고 강조했다. 또 이러한 측면에서, "민족적 합의를 보다 쉽게 이루기 위해서 잠정적으로 연방공화국의 남, 북 지역자치정부에 더 많은 권한을 부여하며 장차 중앙정부의 기능을 더욱더 높여 나가는 방향에서 연방제 통일을 점차적으로 완성하는 문제도 협의할 용의가 있다"고 밝혔다.*

북한은 2000년 10월 6일 개최된 '고려연방공화국 창립방안 제시 20주년 평양시 보고회'를 통해, 1991년 신년사에서 김일성이 밝힌 방안을 '낮은 단계 연방제'로 개념 규정하면서, "낮은 단계 연방제 안은 하나의 민족, 하나의 국가, 두 개 제도, 두 개 정부의 원칙에 기초해 남과 북에 존재하는 두 개의 정부가 정치, 군사, 외교권을 비롯한 현재의 기능과 권한을 그대로 가지게 하고, 그 위에 민족통일기구를 내오는 방법으로 남북 관계를 통일적으로

---

* 김일성, 「신년사」, 『김일성 저작집(43)』, 평양: 조선로동당출판사, 1996, 11-13쪽.

조정해 나가는 것"이라고 주장하였다.*

(3) 전 민족 대단결 10대 강령

북한은 1993년 4월 6일 최고인민회의 9기 5차 회의에서 〈전 민족 대단결 10대 강령〉을 발표했다. 북한은 민족을 '핏줄과 언어, 문화생활과 지역의 공통성에 기초하여 역사적으로 형성된 사람들의 공고한 집단이며, 사회생활의 기본단위'라고 정의하는데,** 이에 기초하여, 〈전 민족 대단결 10대 강령〉은 남북한이 하나의 민족공동체로서 단결하여야 하며, 미국과 같은 외세에 대항하여 함께 싸워야 한다고 강조한다. 10대 강령의 중심 내용을 정리하면 다음과 같다.***

첫째, 전 민족 대단결로 자주적이고 평화적이며 중립적인 통일국가를 창립하여야 한다. 남과 북은 현존하는 두 제도, 두 정부를 그대로 두고 각 당, 각 파벌, 각계각층의 모든 민족 성원들

---

* '고려민주연방공화국 창립방안이란', 〈통일뉴스〉 (검색: 2020.8.28.)
** 리순덕, 『전민족대단결 10대강령은 주체의 민족관을 구현한 조국통일위업의 대강』, 평양: 사회과학출판사, 1994, 16-17쪽.
*** 「조국통일을 위한 전민족대단결 10대강령」, 『김일성 저작집(44)』, 평양: 조선로동당출판사, 1996, 161-164쪽.

을 대표할 수 있는 범민족 통일국가를 창립하여야 한다.

둘째, 민족애와 민족자주정신에 기초하여 단결하여야 한다. 우리 민족의 존엄과 긍지를 가지고 민족의 주체의식을 좀먹는 사대주의와 민족 허무주의를 배격하여야 한다.

셋째, 공존, 공영, 공리를 도모하고 조국통일 위업에 모든 것을 복종시키는 원칙에서 단결하여야 한다. 서로 다른 사상과 이념, 제도의 존재를 인정하고 존중하며 서로 침해하지 말고 함께 진보와 번영을 누려야 한다.

넷째, 동족 사이에 분열과 대결을 조장시키는 일체 정쟁을 중지하고 단결하여야 한다. 동족끼리 적대시하지 말고 민족의 힘을 합쳐 외세의 침략과 간섭에 공동으로 대처해야 한다.

다섯째, 침과 남침, 승공과 적화의 의심을 버리고 서로 신뢰하고 단합해야 한다. 남과 북은 서로 상대방에 자기의 제도를 강요하지 말아야 하며 상대방을 흡수하려 하지 말아야 한다.

여섯째, 민주주의를 귀중히 여기며 주의주장이 다르다고 하여 배척하지 말고 조국통일의 길에서 함께 손잡고 나가야 한다. 친북, 친남을 시비하지 말고, 모든 정치범을 석방, 복권시켜 조국통일 위업에 함께 이바지하도록 해야 한다.

일곱째, 개인과 단체가 소유한 물질적, 정신적 재부를 보호하여야 하며, 그것을 민족대단결을 도모하는 데 이롭게 이용하는 것을 장려하여야 한다.

여덟째, 접촉, 내왕, 대화를 통하여 전 민족이 서로 이해하고 신뢰하며 단합하여야 한다.

아홉째, 조국통일을 위한 길에서 남과 북, 해외의 전 민족이 서로 연대성을 강화하여야 한다.

열째, 민족대단결과 조국통일 위업에 공헌한 사람들을 높이 평가하여야 한다. 지난날 민족을 배반하였던 사람들도 과거를 뉘우치고 애국의 길에 나서면 관용으로 대하며 조국통일에 이바지한 공로에 따라 공정하게 평가하여야 한다.

1994년 7월 김일성 사망 이후 권력을 승계한 김정일은 〈전민족 대단결 10대 강령〉과 7.4남북공동선언에서 남북이 합의한 '조국통일 3대 원칙' 그리고, '고려민주연방공화국 창립방안'을 조국통일의 '3대 헌장'이라고 규정하면서, 조국통일을 실현할 수 있는 가장 공명정대하고 합리적인 방도라고 강조하였다.*

이 조국통일 '3대 헌장'은 현재 김정은 시대에도 "민족이 나아

---

* 김정일, 「위대한 수령 김일성동지의 조국통일유훈을 철저히 관철하자」, 『김정일 선집(14)』, 평양: 조선로동당출판사, 2000, 344쪽.

갈 통일의 앞길을 환히 밝혀 주는 탁월한 사상과 노선"이며 "조선노동당의 주체적 조국통일노선의 구체적 구현"으로 인정받고 있다.*

5. 결론

이 글은 '보훈과 통일'이라는 대 주제에 맞추어 작성되었다. 서론에서 언급한 바와 같이, '국가보훈기본법'은 첫째, 일제로부터 조국의 자주독립을 위하여 둘째, 국가 수호와 안전보장을 위하여 셋째, 자유민주주의의 발전을 위하여 희생, 공헌한 사람들을 '국가보훈대상자'로 선정하고 그들의 숭고한 정신을 선양하는 것을 국가의 의무로 규정하고 있다.

이 글은 이 세 가지 보훈 항목 중에서 '자유민주주의 발전'을 위하여 많은 사람들이 희생하고 공헌한 대표적인 사건인 '4·19 혁명', '5·18 광주민주화운동', '87년 6월 항쟁'을 개관하고, 남북

---

* 〈로동신문〉 2016년 5월 8일.

한 간의 역량 관계를 기초로 하여 이 세 가지 사건에 대한 북한의 평가와 북한의 통일정책 변화를 살펴보았다.

이를 통해, 북한은 4·19 혁명, 5·18 광주민주화운동, 87년 6월 항쟁 모두를, 남한주민들이 '자주', '민주', '통일'을 이루기 위해 봉기한 것이라고 공통되게 설명하면서도, 이에 대한 대응 그리고, 통일정책은 각 시대적 남북 역량 관계에 맞게 변화시켜 왔음을 확인할 수 있었다.

먼저 북한이 남한보다 군사력, 경제력이 우세했던 1960년대에 발생한 4·19 혁명에 대한 대응으로, 북한은 남한에 간첩을 파견하고, 남한 주민을 포섭하여 조선노동당의 지하 정당인 통일혁명당을 남한에 건설했으며, 이를 위해 무기류와 자금을 지원했다. 북한 김일성은 이 '통일혁명당'을 통해 결정적 시기에 민중봉기를 일으켜 남한에 공산정권을 세우고, 한반도 적화통일을 달성하고자 했다. 이와 함께 한반도 공산화를 위해 3대 혁명역량 강화와 3단계 통일론을 공식화하였다.

한편, 남북한의 군사력과 경제력이 큰 차이를 보이지 않던 1980년에 발생한 5·18 광주민주화운동에 대응하여, 북한은 광주민주화 운동을 무력으로 진압하고 권력을 차지한 전두환 대통령을 제3국인 미얀마에서 암살하기 위하여 테러 작전을 감행하였다. 그리고 북한 중심의 통일을 실현하기 위한 '남북총선거' 방식의 통일 방안을 포기하고, 남북이 대등하게 참여하는 '고려민주연방공화국 창립방안'을 공식 제기하였다.

마지막으로, 남한의 군사력, 경제력, 외교력이 북한을 압도하기 시작한 시기인 1987년에 발생한 87년 6월 항쟁에 대하여 북한은 남한 정치에 직접적으로 관여하는 대신, 남북 화해, 불가침, 교류협력을 중심 내용으로 하는 '남북기본합의서'에 서명하였고, 남북 정부가 정치권, 국방권, 외교권을 보유한 상태에서 연방을 구성하는 '낮은 단계 연방제'를 제안하였으며, 남북이 하나의 민족공동체로 단결해야 한다는 내용의 〈전 민족 대단결 10대 강령〉을 발표하였다.

이러한 분석에 기초하여 김정은 정권의 남한 민주화에 대한 대응, 대남정책과 통일정책을 전망해 본다면, 현재 북한의 역량이 남한에 비해 현저히 뒤떨어져 있기 때문에, 북한 김정은 정권은 남한의 민주화 진전 등 남한의 국내 정치 변화에 관여하지 않을 것이며, 남북 경제협력을 통한 국제사회의 제재 압박 돌파에 초점을 맞춘 대남 정책을 전개해 나갈 것으로 예측된다.

북한의 보훈,
그리고 한반도 통일

이 철_ 국가안보전략연구원 책임연구위원

1. 북한에서 보훈의 함의

남한과 마찬가지로 북한에도 보훈이 있다.* 북한에서 보훈은 당과 국가에 헌신하여 공을 세운 자와 그 가족에게 제공하는 당과 국가의 보상이다. 북한은 당의 창건과 강화 발전, 국가 건설과 강화 발전에 기여한 공로에 따라 보훈대상자를 정하고 여러 가지 형식으로 보훈하고 있다.

1) 정치적 보훈과 물질적 보훈

북한의 보훈은 정치적 보훈과 물질적 보훈으로 구성된다. 북

---

* 북한에서 보훈이라는 표현은 쓰지 않는다. 그러나 공로자들에 대하여 나름 여러 가지 형태로 보상하고 있다.

한에서 보훈은 정치의 한 공간이라고 할 수 있다. 보훈을 통하여 당과 국가에 공로를 세운 자와 그 가족들에게 보상하는 것과 함께 당과 국가에 헌신한 자의 공로와 행위를 사회의 귀감으로 내세우고 사회 구성원 모두가 따라 배우도록 하고 있다.

보훈대상을 차등 적용하고 청춘도 생명도 다 바쳐 "혁명의 개척기에 수령을 따라 간고한 혁명의 길"을 헤쳐 온 공로자들에게 가장 가치 있는 보훈을 제공함으로써 사회 모든 성원들의 귀감으로, 선망의 대상으로, 자라나는 새 세대들과 후대들이 따라 배워야 할 귀감이 되도록 하고 있다.

정치적 보훈으로는 표창, 수훈, 언론을 통한 소개 등이 있다. 표창은 최고지도자의 명함으로 된 김일성·김정일 표창장들과, 수훈 역시 최고지도자의 이름으로 된 '김일성훈장', '김정일훈장'을 비롯하여 '공화국영웅', '노력영웅', '국기훈장 제1급', '국기훈장 제2급', '국기훈장 제3급', '노력훈장', '공로메달' 등 훈장을 통한 다양한 수훈 사업이 있다. 남북 관계와 통일 위업에 공헌한 자에게는 '조국통일상'을 수여한다. 외국인들에게도 수훈하고 있는바, '친선훈장'·'명예박사' 칭호 등이 그 대표적 사례이다.

물질적 보훈은 당과 국가에 특출한 공로를 세운 자에게 주택과 상품공급, 의료시스템을 통하여 제공한다. 그러나 북한은 기본적으로 물질적 자극이 사람들의 개인주의를 조장한다고 하면서 정치적 보훈을 더 내세우고 있다.

2) 우선적이고 우월한 혜택

북한은 보훈에서 사회적 공간을 활용하여 공로 있는 자들과 그 가족들에게 남보다 우선적이고 우월한 혜택을 제공한다. 대학을 비롯한 상급학교 추천에서 우선권을 부여하고 가산점을 제공하며 그들이 간부로 성장하도록 체계적으로 관리하고, 승진시킨다. 이러한 정치적·물질적·시스템적 보훈을 제공함으로서 북한은 당과 국가에 헌신하여 공로를 세운 자들과 그 가족들을 체계적으로 관리하고 당과 국가의 기본 핵심계층으로 만든다.

3) 사회 구성원들 교양

북한의 보훈은 당적·국가적으로 공로자들과 그 가족들에 대한 보상 그 자체와 사회 모든 구성원들을 교양하는 의미를 담고 있다. 언론을 통해서는 공로 있는 자의 업적과 공로를 전 사회에 널리 소개 선전함으로써 본인에게는 당과 국가에 공헌한 것에 대한 긍지와 자부심을 안겨주고 사회 구성원들에게는 귀감으로 내세운다. 북한은 언론을 통해 공로 있는 자의 소행을 전 사회에 널리 소개·선전하며 모두가 따라 배우도록 적극 종용하고 있다. 노동신문, 민주조선, 조선인민군, 청년전위 등 주요 신문들과 중앙TV, 평양방송 등에서 널리 소개 선전한다. 뉴스, 드라마, 영화의 소재로도 삼아 제작하고 TV에서 상영하기도 한다.

4) 보훈과 유자녀 정책

북한은 보훈의 한 형태로 유자녀 정책도 적극적으로 실시하였다. 북한은 유자녀혁명학원 설립을 간부양성을 위한 기반마련의 중요한 문제로 제기하고 체제형성기부터 각별한 관심을 돌렸다. 해방직후인 1945년 10월 고향 만경대를 찾은 김일성은 만경대에 항일빨치산들의 유자녀들을 위한 학교 설립을 언급한 데 이어 1947년 3월 북조선인민위원회 결정 제15호를 발표하여 '혁명 자유가족학원 창립준비 위원회'를 조직하도록 하였다.* 창립당시

---

* 김일성, 「만경대인민들과의 상봉모임에서 한 연설, (1945년 10월 15일)」, 『김일성전집』제2권, 147쪽.

학제는 특설반, 초급반, 고급반으로 되어 인민학교(초등학교)로부터 고급중학교(중학교) 정도까지의 과목을 배울 수 있게 되어있었으며 10개의 학급에서 350명의 유자녀들이 공부하였다.[*]

1950년 6월 25일 발발한 한국전쟁으로 하여 북한 전역에 무수한 전쟁고아가 발생하자 북한 지도부는 1951년 1월 내각결정 제192호 "조국해방전쟁에서 희생된 인민군장병 및 빨치산들과 애국렬사들의 유자녀학원 설치에 관하여"를 발표하였다.[**] 이 내각결정을 통하여 평양시를 비롯한 각 도에 유자녀 보육원(3살~6살)과 초등학원(7살~12살), 유자녀 군사학원(13살~18살의 남자), 유자녀 여자기술학원(13살~18살)을 설치하며 보육원과 초등학원, 여자기술학원은 교육성에서, 군사학원은 민족보위성에서 직할하도록 하였다. 또한 유자녀학원 설치 및 개교를 교육상과 민족보위상 및 각 도 인민위원회 위원장들이 책임지도록 하였다. 그리고 "유자녀를 조국과 인민을 위하여 충실히 복무하는 우수한 민

---

[*] 김동규·김형찬, 『북한교육사(조선교육사 영인본)』, 서울: 교육과학사, 2000, 118쪽.

[**] 김일성, 「조국해방전쟁에서 희생된 인민군장병 및 빨치산들과 애국렬사들의 유자녀학원 설치에 관하여 (내각결정 제 192호 1951년 1월 13일)」, 『김일성전집』제13권, 33~35쪽.

족간부로 교육하는 것"을 국가적 중요과업으로 명시하였다.*

1958년 4월 당중앙위원회 상무위원회를 소집한 김일성은 "혁명자유자녀들과 애국열사유자녀들은 장차 우리 혁명을 떠메고 나갈 기둥감들입니다"라며 각 도에 새로운 유자녀학원을 창립할 데 대하여서와 만경대학원을 확장할 데 대한 조치를 취하였다. 이어서 유자녀들을 위한 외국어학원을 새로 내오고 거기서 외국어를 배워주어 그들을 장차 대외일군으로 키울 데 대하여, 그리고 민청중앙위원회가 직접 운영하면서 민청간부들을 양성하는 유자녀학원 설립할 데 대한 과업을 하달하였다.**

학원건설을 전인민적운동으로 전개하여 1958년 9월에는 평양, 사리원, 곽산, 해주, 함흥, 양덕 등지에서 유자녀학원들이 개원하였으며 만경대학원(1,000명), 김용범***(라진)유자녀학원(800명),

---

* 이 시기 북한은 종전의 학원들을 '김정숙녀자기술학원', '안길초등학원' '강건너자기술학원'으로 개칭하였다. 김동규·김형찬, 앞의 『북한교육사』, 263쪽.

** 김일성, 「유자녀학원, 초등학원, 애육원 사업을 개선할 데 대하여, (당중앙위원회 상무위원회에서 한 결론 1958년 4월 1일)」, 『김일성전집』제21권, 평양: 조선로동당출판사, 1998, 414~415쪽.

*** 김용범은 김일성의 혁명 동지로 해방 후 평양에서 공산당을 조직했고 정권 수립 후에는 당중앙위원회 검사위원장으로 일하였다.

남포유자녀학원(330여 명), 해주유자녀학원(300명), 사리원민청유
자녀학원(480명), 평양외국어유자녀학원(200명), 함흥외국어유자
녀학원(400명), 곽산유자녀학원(500명), 양덕유자녀학원(350명)에
서 4,360명에 달하는 유자녀들이 국가의 보호를 받으며 후비간
부로 육성되었다.[*]

1972년 3월 31일 북한은 남포혁명학원을 김일성의 어머니인
강반석혁명학원으로 명명하도록 하고 여기에 유자녀들을 여성
정치간부로 양성하기 위한 '대학반' 만을 두도록 하였다. 그리고
1981년 1월에는 강반석혁명학원의 3년제 대학반을 4년제로 개
편하였다.[**] 1982년 12월 강반석혁명학원의 대학반을 강반석정치
대학으로, 다시 1992년 8월 강반석유자녀대학으로 개칭하면서
혁명유자녀 여성들을 정치간부로 양성하는 고등교육기관으로
승격시켰다.

1972년 3월 남포혁명학원에서 분리된 강반석혁명학원은 1980
년대 중반 남포시에 있던 학교건물을 평양시 만경대구역 칠골 2

---

[*] 김동규·김형찬, 앞의『북한교육사』, 451~453쪽.

[**] 한국평화문제연구소·조선과학백과사전출판사 편, 『조선향토대백과(1)』,
　　　한국평화문제연구소·조선과학백과사전출판사, 2003, 196쪽.

동으로 이전하였다. 강반석혁명학원은 북한 사회 전반에 걸쳐 그 공로가 인정되는 사람들의 유자녀들만을 모아 초·중등교육을 하고 있다.*

또한 1974년 12월 26일 당중앙위원회 비서국(현재 정무국) 결정으로 평안북도 동림군 동림읍에 '새날혁명학원'을 설립하도록 하였다.** 이렇게 함으로서 핵심계층을 부단히 육성하고 공고히 하여 당의 대중적 지반을 강화하고 혁명과 건설을 추동하는데서 군중노선을 관철해 나간다.

5) 보훈을 통한 사회관리

북한은 단순한 보훈이 아니라 보훈을 통하여 사회의 핵심계층을 부단히 생산하고 관리하면서 그들을 통하여 전 사회를 관리하고 운영한다. 혁명가 유자녀들에 대한 북한지도부의 기대는

---

* 〈연합뉴스〉, 1999. 04. 22. https://news.naver.com/main/read.nhn?mode= LSD&mid (검색: 2018. 8. 24.)
** '새날'은 김일성이 1928년에 만주의 무송중학교에 다닐 때 창간한 잡지명이다. 김동규·김형찬, 『북한교육사(조선교육사 영인본)』, 1022쪽. 1971년에 발간된 사로청(청년동맹)의 중앙기관지 이름으로 쓰였다.

6) 혁명가의 의리·도덕

　북한은 보훈을 '혁명가의 의리·도덕'으로 여기고 이 사업에 나름 성의를 다하고 있다. 김일성은 8·15 해방 이후 항일무장투쟁 시기 함께 투쟁한 전우들의 자녀들을 찾기 위해 림춘추(항일무장투쟁 참가자)를 단장으로 하는 대표단을 동북3성에 파견하였고 찾아 온 전우들의 자녀들을 공부시키기 위해 만경대혁명학원을 설립하고 운영하였다. 체제형성기의 북한은 부족한 간부 문제를 해결하기 위하여 노동계급 출신의 신진 간부 육성과 함께 항일 빨치산 전사자와 희생자의 유자녀들을 위한 '혁명자유자녀학원'(현 만경대혁명학원)을 설립하고 그들을 당과 국가의 핵심골간으로 키우고자 하였다. 이를 위해 김일성은 해방 직후 림춘추를 비롯한 빨치산 출신 간부들을 중국 동북지방을 비롯한 국내 연고지들에 파견하여 혁명가 유자녀들을 찾아오도록 하였다.

　이 시기 만경대혁명학원 입학생 선발기준을 보여주는 김일성의 발언이 있다. "학원에서는 혁명자유자녀들만 받아 공부시키는 원칙을 철저히 지켜야 하겠습니다. 입학생들의 문건을 보니 북조선인민위원회 국장의 딸도 학원에 와있는데 국장의 딸은 학원입학대상자로 될 수 없습니다. 지금 학원에 남조선에서 투쟁하고 있는 사람들의 자녀들이 와있는데 그런 학생들도 다 학원에서 공부시켜야 합니다."* 이는 해방 이후부터 한국전쟁 전까지 만경대혁명학원 입학생 선발기준으로 항일혁명가 유자녀와 '대남공작원' 자녀들이었음을 보여준다.

1950년 6월 25일 한국전쟁으로 하여 북한 전역에 무수한 전쟁고아가 발생하자 북한은 내각결정으로 "조국해방전쟁에서 희생된 인민군장병 및 빨치산들과 애국렬사들"의 유자녀학원을 설립하도록 하였다. 이어 학원 입학생선발을 위하여 1951년 2월에 시·군들과 리(이)들에 각각 '유자녀학원 입학대상자심사위원회', '유자녀조사위원회'를 조직하고 활발히 활동하였다.**

전후 북한은 "혁명을 떠메고 나갈 기둥감들"을 위하여 각 도에 새로운 유자녀학원을 창립할 데 대한 조치를 취하였으며 결과 1958년에는 평양, 해주, 곽산 등지에서 유자녀학원이 일제히 개원되었다. 이 시기 김일성은 700명 규모의 만경대혁명학원 시설을 확장하여 1,500~2,000명 정도의 학생들이 공부할 수 있도록

---

* 김일성, 「혁명자유자녀들은 부모들의 뜻을 이어 훌륭한 혁명가가 되라. 만경대혁명학원 학생, 교직원들과 한 담화 (1947년 8월 3일)」, 『김일성전집』제6권, 151쪽.

** 김동규·김형찬, 앞의 『북한교육사』, 262쪽.

지시하였다.* 이러한 지시는 한국전쟁 시기 희생된 '전사자', '피
살자'들의 유자녀들도 만경대혁명학원에 입학시켜 그들을 혁명
의 계승자, 혁명의 핵심세력으로 육성해나가려는 북한지도부의
결심을 반영하고 있다.**

1970년 5월 북한은 당중앙위원회 비서국 결정으로 남포혁명
학원의 인민반(초등학교 과정안을 배우는 학생들의 학급)을 졸업한
유자녀들 중 남학생들은 만경대혁명학원 또는 남포혁명학원 중
등반(중학교 과정안을 배우는 학생들의 학급)으로 진학시키며 중등
반 여자졸업생들은 남포혁명학원 대학반에, 남자졸업생들은 해
주혁명학원 대학반에 입학시켜 정치대학과정을 거치도록 하였
다. 이후 새날혁명학원에는 '11과 대상'***의 유자녀들을, 남포학원
에는 '사회주의 애국자 희생자' 유자녀들을 입학시키며 이곳을

---

* 김일성, 「유자녀학원, 초등학원, 애육원 사업을 개선할 데 대하여, (당중앙위
  원회 상무위원회에서 한 결론 1958년 4월 1일)」, 『김일성전집』제21권, 평양: 조선
  로동당출판사, 1998, 415쪽.
** 김일성은 1956년 초와 여름에 평안남도 순안군 원화리(평원군 원화리)와 평
  안북도 창성군에 위치한 피살자, 전사자의 가족을 찾아 그들의 생활형편을
  알아보며 자녀들을 만경대혁명학원에 보내도록 하였다. 김동규·김형찬,
  앞의 『북한교육사』, 452~453쪽.
*** 북한은 대남공작원들과 그 가족들을 '11과 대상'으로 규정하고 예우하고 있다.

졸업한 유자녀들뿐만 아니라 일반 고등중학교를 졸업하는 학생들도 입학 선발기준에 따라 강반석혁명학원에 입학하도록 하는 등의 조치를 통해 유자녀들을 당과 수령에게 충실한 간부들로 양성하고자 하였다.*

6·25 전쟁 시기 김일성은 항일무장투쟁 시기 일제와 싸우다 희생된 전우들의 자녀들로 "친위중대"를 조직하고 그들을 자신의 최고사령부와 함께 데리고 다니면서 돌봐준 에피소드도 있다. 이러한 과정들을 북한은 "혁명가의 의리와 도덕"으로 적극 선전하고 있다. 훗날 "친위중대" 출신들은 동유럽 나라들로 유학을 갔다 왔으며 귀국 후 당과 국가의 중요 요직들에서 활동하였다. 그러한 인물들로는 연혁묵, 오극렬, 강성산, 박송봉 등 그 수를 꼽자면 적지 않다.

북한은 만경대혁명학원, 김일성종합대학, 인민경제대학, 김일성고급당학교 등 우수한 교육기관들에 공로 있는 자들과 그 자녀들을 우선적으로 입학시켜 공부시키고 있으며 졸업한 그들을 당과 국가의 주요 단위들에 배치하고 중요 요직에 임명함으로써

---

* 김동규·김형찬, 앞의 『북한교육사』, 798~799쪽.

당과 체제를 받드는 초석으로 활용하고 있다.

결국, 북한에서 보훈은 공로자에 대한 보상인 동시에 또 다른 '위훈'과 '공'을 세우도록 부단히 유인하는 의미도 내재하고 있다. 오늘날 북한 체제의 중요 직책에는 어젯날 공로를 세운 자들의 자녀들이 배치되어 나름 정부 부처들과 기관들, 각 단위의 중요 간부들로 활동하고 있다. 대표적 사례가 김일성·김정일 시기에는 항일무장투쟁 참가자의 자녀들이 중요 간부들로 활동하였다면 김정일·김정은 시기에는 당의 기초축성 시기 일꾼들*의 자녀들이 중요 간부들로 당과 체제를 받들어 활동하고 있다.

---

* 북한은 김일성종합대학을 졸업 한 김정일 위원장이 노동당에 처음 들어가 활동을 시작하면서 함께 활동한 일꾼들을 '당의 기초축성 시기 일꾼'으로 분류하고 있다.

2. 북한이 지향하는 보훈정책

1) 보훈정책의 기본 정신

북한은 당의 창건과 강화발전, 국가건설과 그 발전에 헌신한 자와 그 가족들에게 보훈하는 것을 혁명가의 의리이고 의무라는 관점에서 출발하여 보훈정책을 수립하고 그에 따라 보훈하고 있다. 즉, '혁명의 개척기' 가장 어려운 시기 누가 알아주지도 않는 때에 수령이 창시한 혁명사상과 국가건설사상을 받들어 자신의 청춘도 생명도 초개와 같이 바쳐 투쟁한 공로자들과 그 가족들을 예우하는 것을 혁명가의 가장 숭고한 의리와 의무·도덕으로 여기는 것을 보훈정책의 기본 정신으로 하고 있다.

2) 보훈을 통한 사회적 교육·교양

북한은 보훈을 통하여 자라나는 새 세대들이 혁명 선배들의 위훈과 업적을 기리고 그들에 대한 당국의 존경과 예우를 보면서 사회 구성원 모두가 혁명 선배들처럼 살며 생활하도록 교양하고 배우도록 하는 것을 보훈정책으로 하고 있다.

사회 구성원들을 교양하는 데서 가장 중요한 것을 수령과 지도자에 대한 충실성, 당과 혁명에 대한 무한한 헌신성을 따라 배우는데 중점을 두고 보훈정책을 수립한다. 또한 보훈을 통하여 공로자들과 그 가족들이 대를 이어 당과 수령에게 충성하고 사회의 귀감으로 살며 일하도록 하고 있다. 북한은 지난날 공로를 세운 자들과 그 가족들이 대를 이어 영원히 당과 수령에게 충성하며 인민대중의 '자주위업'을 개척하기 위한 투쟁에서 그들이 누구보다 앞장서기를 바라고 있다. 당국은 지속적인 보훈을 통해서 공로자들과 그 가족들이 지난날과 마찬가지로 앞으로도 영원히 당과 수령에게 충성하고 혁명 투쟁과 사회 건설에서 누구보다 앞장서 투쟁할 것으로 기대하고 있다.

3) 핵심을 장악하고 관리

북한은 보훈을 통하여 공로자들과 그 가족들을 당의 핵심 군중으로 장악하고 그들이 핵심으로서의 사명과 역할을 다 하도록 하고 있다. 당국은 체계적인 조직별 강연과 학습 등을 통해 보훈 대상들에 대한 교양과 교육을 제공하면서 그들이 지난날과 같이 오늘과 내일도 영원히 당과 체제를 받들어 충성하도록 요구하고 있다. 공로자들과 그 가족들이 당국의 보훈을 받으면서 당과 체제에 충성한 본인과 가족들의 '업적'과 '공'을 두고두고 깊이 새기고 영광으로 여기면서 당과 체제에 충성을 맹세하도록 유인하고 있다. 당국의 보훈을 받고 있는 그들은 북한 사회에서 핵심계층을 이루고 핵심으로서의 사명과 역할을 다하기 위해 나름 노력하고 있다.

4) 보훈과 선전

북한 당국은 기회와 계기가 있을 때마다 공로자들을 적극 내세우고 그들이 지난날과 같이 오늘은 물론 내일도 영원히 체제를 받들어 충성하도록 요구하고 있을 뿐만 아니라 사회 구성원 모두가 가장 어려운 시기 당과 지도자를 받들어 충성한 공로자들의 위훈과 업적을 기리고 그들처럼 살며 투쟁하도록 사회적으로 적극 소개 선전하고 있다. 신문, 방송, TV를 통하여 전 사회에 공로자들의 '업적'과 '위훈'을 적극 소개 선전하고 모두가 '영광된 길', '충성의 길'을 이어 가도록 적극 장려하고 있다. 공로자들에 대한 보훈을 통하여 사회의 모든 성원들이 공로자들을 적극 따라 배우고 그들처럼 살며 투쟁할 것을 적극 종용하고 있다.

3. 북한의 보훈대상

북한은 보훈대상을 정확히 구분하여 보훈하고 있다. 북한의
보훈대상은 혁명의 길을 처음 개척한 수령을 따라 수령의 초기
혁명 활동기부터 항일무장투쟁기*, 8·15 이후 새 사회 건설기,
6·25 전쟁기, 전후 복구 건설기, 사회주의 건설기를 관통하는 전
행정에 걸쳐 보훈대상자들을 정하고 보훈하고 있다. 보훈대상은
북한의 지도사상(통치이념)을 받들어 국가건설과 발전에서 특출
한 공로를 세운 자와 그 가족들에게 보훈하는 것을 원칙으로 하
고 있다.

1) 항일빨치산투쟁 참가자와 그 가족

김일성이 초기 혁명활동을 전개한 시기부터 항일무장투쟁 시
기에 이르기까지 기간 혁명에 동참한 자들과 그 가족들은 그 누

---

* 북한은 보훈대상을 정함에 있어서 김일성의 초기혁명 활동 시기부터 항일
  무장투쟁시기 이에 동참한 자들과 그 가족들을 첫째가는 보훈대상으로 하
  고 있다.

구에게도 견줄 수 없는 첫째가는 보훈대상이다. 김일성의 초기 혁명활동에 동참한 자들과 그 가족들, 항일빨치산투쟁(항일빨치산) 참가자들과 그 가족들이 여기에 속한다. 북한 당국은 이들을 "항일빨치산투쟁 참가자"와 그 가족으로 분류한다.

2) 사회주의 애국열사

8·15 이후 새 사회 건설(민주 건설 시기)에서 특출한 공로를 세운 자와 그 가족들을 보훈대상으로 하고 있다. 이들은 "사회주의 애국열사"로 분류한다. 6·25 전쟁기, 전후 복구 건설기, 사회주의 건설기에 당과 수령의 사상과 영도를 받들어 단위들에서 특출한 공로를 세운 자와 그 가족 역시 보훈대상으로 하고 있다. 6·25 전투영웅들, 공로 있는 상이군인*들, 전후 복구 건설기 노력영웅들, 사회주의 건설기 노력영웅들 및 공로자들과 그 가족들이다. 이들은 "전투영웅 및 공화국영웅", "노력영웅", "공로자" 등으로 분류한다.

---

* 북한은 상이군인을 영예군인이라고 하는데 이것은 하나의 호칭적·명예적 보훈이다.

3) 당의 기초축성 시기 일꾼

"고난의 행군", 김정일의 선군정치 시기, 현 시기 등 사회발전의 매 단계 마다 당과 수령, 지도자의 구상과 뜻을 받들어 맡은 단위사업에서 혁혁한 위훈을 세운 자들과 그 가족들, 사회의 귀감을 창조한 자들과 그 가족들을 보훈대상으로 하고 있다. 특히, 김정일이 당에서 활동한 초기 그와 함께 일한 일꾼들을 '당의 기초축성 시기 일꾼'으로 분류하고 그들을 보훈하고 있다.*

4) 공로자

"공로자"에는 공훈과학자, 공훈배우, 공훈체육인, 공훈예술인, 인민과학자, 인민배우, 인민체육인, 인민예술인 등이 있다. 상이 군인들을 '영예군인'으로 분류하고 그들에게도 해당한 보훈을 제공하고 있다. 북한은 통일위업 수행에서 특출한 공로를 세운 자

---

* 현재 북한에서는 김정일 시대의 '당의 기초축성 시기 일꾼'들과 그 가족들을 김일성 시대 항일빨치산들과 그 가족들에게 제공한 보훈과 꼭 같이 예우하고 있다.

들과 그 가족들에 대해서도 보훈대상으로 정하고 보훈하고 있
. 공로 있는 대남 요원들과 그 가족들, 남파공작원들과 그 가
족들을 11과 대상으로 분류하고 보훈하고 있다.

5) 고문

북한은 당·군·정 직제에 '고문'제를 두고 그 기관에서 오랫 동
안 활동하면서 묵묵히 충실하게 일해 온 일꾼들을 보훈대상으로
정하고 노후에도 일정한 사회적 혜택을 누리면서 그대로 활동하
도록 하고 있다.

4. 한반도 통일을 지향하는 통일 보훈

남북한의 보훈은 각기 이념과 제도의 차이로 하여 자기의 정
권 특히 제도를 옹호하고 강화하는 데 기여하고 있으며, 이것은
오히려 남북한의 갈등을 유발하는 구조적 걸림돌이 되고 있다.
이로부터 통일을 지향하고 추진하는 데서 보훈 분야에서도 통일
된 가치를 정립하는 것이 자연스럽게 필요하다.

남북한이 통일을 지향해 나아가는 데서 어떠한 지향점과 공통된 가치를 추구하는가는 민족구성원 모두에게 공동의 가치와 기준을 제시하고 그것을 지속 부각시키면서 발전시켜 나가는 데서 반드시 필요하다. 현재 남북한의 보훈정책만 보더라도 각기 그 방향성이 다르다. 북한은 수령과 최고지도자를 따라 혁명을 하면서 공로를 세운 자, 정권 창출에 지대한 공을 세운 자, 현행 업무수행에서 특출할 공을 세운 자 등을 보훈대상으로 하고 있으며 정권의 강화 발전을 추동하는 쪽으로 보훈하고 있다. 남한 역시 광복운동과 6·25 전쟁에서 공을 세운 자, 민주화와 인권 수호에 공을 세운 자 등을 보훈대상으로 하고 있다.

남북이 원칙적으로 통일을 지향함에는 이의가 없고 그러한 차원에서 7.4남북공동성명을 비롯한 남북 당국 간 합의와 그 이후 6.15, 10.4, 4.27, 9.19 공동선언 등 적지 않은 합의와 공동선언들을 발표하였다. 이러한 선례들은 남북 간 보훈 분야에서도 공동의 가치와 기준을 찾을 수 있음을 시사하고 있다. 북한은 자주·평화·친선을 대외적 이념으로 내세우고 있으며 남한은 자유·민주·인권 등을 선호하고 있다.

1) 가치관 정립과 기준 수립

통일을 지향하는 남과 북이 중장기적 비전을 가지고 한반도 통일에 도움이 되고 그것을 적극 추동하는 가치관 정립과 기준 정립을 이제부터라도 하나하나 고민하고 합의해 나가는 것이 필요하다. 일례로 평화는 남북 모두가 열망하는 대의이며 누구도 부정할 수 없는 가치이다. 한반도 평화에 기여한 자를 남북이 공동으로 평가하고 보훈하는 기준과 제도를 정립하고 실천한다면 그것은 통일에 적극 기여하게 될 것이다. 이러한 통일 보훈의 가치와 기준, 제도를 수립하자면 남북 당국은 물론 정치권과 주민들 모두가 공감할 만한 가치 발굴이 무엇보다 중요하다. 남북 모두가 공감하는 공동의 가치를 발굴해야만 그에 맞는 기준을 정립하고 보훈할 수 있다. 보훈 기준 역시 남북이 공감하는 것이어야 한다. 그러자면 남북의 보훈 전문가들과 보훈기관 간 소통과 협력도 필요하다.

2) 통일 보훈을 대하는 입장과 자세

통일을 지향하는 남북한의 공통된 보훈 기준을 정립하는 데서 통일 보훈의 가치와 기준이 새로운 남북 간 갈등으로 비화하지 않도록 하는 것도 매우 중요하다. 그렇게 하자면 진정으로 통일을 생각하고 남북이 모두 공인하는 가치와 기준을 먼저 고민하며 다루는 입장과 자세가 필요하다.

3) 통일 보훈의 과제

이제 우리는 남북 각각의 보훈을 넘어 통일 보훈을 고민하고 그 가치와 기준을 정립하며 통일 보훈을 어떻게 실천하겠는지를 생각해 보아야 한다. 보훈이 사람들에게 긍지와 자부심을 안겨주고 더욱더 많은 헌신과 숭고한 희생에로 불러일으키는 역할을 한다고 생각할 때 통일 보훈의 의미는 실로 지대하다. 통일 보훈이 정립된다면 통일운동을 더욱 힘 있게 추동할 것이고, 그것은 명실공이 한반도의 평화와 번영을 앞당기는 밑거름이 될 것이다.

남한의 보훈과
한반도 통일

전 수 미_ 숭실대학교 숭실평화통일연구원 교수

1. 서론

2015년 8월 경기도 파주의 비무장지대에 매설되어 있던 목함 지뢰의 폭발로 인해 두 발을 잃은 하재헌 중사는 청와대 청원게 시판에 글을 올렸다.

"안녕하십니까. 저는 하○○ 중사입니다. 저의 억울한 이야기를 들어주시기 바랍니다. 저는 2014년 7월 하사로 임관하여 ○사 단 수색대대에 배치를 받아 근무를 하였습니다. 2015년 8월 4일 수색작전 도중 저는 북한의 목함지뢰 도발 사건으로 인하여 멀쩡하던 두 다리를 절단하고 양쪽 고막이 파열되며 오른쪽 엉덩이가 화상 및 함몰하는 부상을 입었습니다. 그 후 저는 총 21차례에 걸친 큰 수술을 받았으며, 1년 넘게 병원생활을 하고 두 다리에는 의족을 낀 채 장애인으로 살아가야만 합니다…."

하재헌 중사의 부상에 대해 국방부는 '북한이 몰래 매설한 것'

으로 보고 '전상공경'이라는 판단을 하였으나 국가보훈처는 '공상공경'이라는 판정을 내렸고, 이에 하재헌 중사가 '공상군경'이 된 것에 대해 억울함을 게시판 글로 올린 것이다. 하재헌 중사는 당시 목함지뢰 폭발 사건이 단순한 지뢰 사고가 아니라 북한에 의한 것임을 강조하였고, 천안함 사건 역시 북한의 도발로 인해 많은 피해자가 발생하였는데도 천안함 유공자들은 전상 판정을, 본인은 공상 판정을 받았다는 것이다.

이러한 하재헌 중사의 문제제기 이후 문재인 대통령은 "관련 법조문을 탄력적으로 해석할 여지가 없는지 살펴보는 게 좋겠다"고 말하여 보훈처가 재검토를 한 끝에 전상군경 판정을 받게 된다. 하재헌 중사는 전상군경 판정을 받은 이후 장애인 조정 국가대표로 새 삶을 도전하고 있다. 2019년 4월 서울주택도시공사 장애인 조정선수단에 입단하여 금메달도 목에 걸었다.

이러한 모습을 보며 많은 사람들은 하재헌 선수는 남북 분단의 아픔의 상징이자, 남북 교류의 상징이 될 수 있지 않을까 하는 기대가 있었다. 몇몇 언론인들이 "국제무대에서 북한을 만나면 어떻게 할 거냐?"라는 질문*에 "정치와 스포츠는 분리해야 한다. 비극을 안긴 북한에 좋은 감정을 가지고 있지 않다"라고 발언하기도 하였으며, 남북 조정 단일팀을 꾸린다면 어떻겠느냐는 질문에 한참동안 말이 없다가 "시키면 하겠지만 그만큼 내 마음이 치유되진 않았다"며 북한이 설치한 목함지뢰로 인해 장애인이 된 자신의 분노를 숨기지 않았다.

그렇다면 북한이 우리에게 무엇이기에 하재헌 중사나 천안함 유공자들과 같은 국가유공자들에게 상처와 분노의 기억을 남기는 것일까. 이 글에서는 여러 가지 남남갈등을 지속하게 하고 분단의 생채기가 지속되게 하는 북한은 우리에게 어떠한 법적 지위를 가지는지 분석하려 한다. 또한 우리는 지금까지도 6·25 전쟁이라는 민족의 상흔을 안고 살아가는, 하재헌 선수와 같은 국민들이 존재한다는 점에서, 현재 통일이 된 동독과 서독의 보훈제도를 분석하여 통일을 위해 준비하여야 할 보훈의 방향을 제시하고자 한다.

---

* 〈연합뉴스〉, 2019.10.16. '선수 변신한 목함지뢰 하재헌 중사 "남북단일팀 출전? 글쎄요"' (검색: 2020.9.5.)

2. 북한은 우리에게 무엇일까*

1) 북한의 지위

(1) 북한은 국가일까

한국 정부는 대한민국 헌법 제3조 영토 조항에 따라 북한을 국가로 승인하지 않고 반국가단체로 간주하고 있다.** 이러한 북한의 법적 지위에 대한 기본 논의는 북한의 UN 동시 가입, 〈남북 사이의 화해와 불가침 및 교류 협정에 관한 합의서〉(이하 남북기본합의서), 국가보안법과 관련이 있다. 먼저 남북한 UN 동시 가입이 남한의 북한에 대한 국가 승인을 한 것이 되어 대한민국 헌법

---

* 전수미, 「북한 이탈 주민의 삶의 질 향상을 위한 법적 고찰」, 『일감법학』 44(1), 건국대학교 법학연구소, 2019, 81-102쪽; 전수미, 「문화국가와 한반도 : 남북문화교류 활성화를 위한 헌법적 검토」, 『북한연구학회보』 23(1), 북한연구학회, 2019, 57-81쪽의 일부를 수정 보완.

** "북한은 조국의 평화적 통일을 위한 대화와 협력의 동반자이기도 하지만 다른 한편 남·북한 관계의 변화에도 불구하고 여전히 적화통일노선을 고수하면서 우리의 자유민주주의 체제를 전복하고자 획책하는 반국가단체로서의 성격도 아울러 가지고 있고, 그 때문에 반국가단체 등을 규율하는 국가보안법의 규범력도 계속 유효하다"는 것이 대법원의 확립된 견해이다. 대법원 2010. 12. 9. 선고 2007도10121 국가보안법위반(찬양·고무 등) 판결 참조.

제3조를 위반하는 것은 아닌지 문제가 된다. 남한이 북한과 UN 에 동시 가입을 함으로써 외견상 국가 승인을 한 것으로 보일 수 있으나,* 국가 승인의 국내적 효과는 각 국가의 국내법에 의해 결정된다.

한국의 경우 대한민국 헌법 제3조의 영토 조항에 따라 조선 국적 취득 후 북한법에 의하여 북한 국적을 취득하여 중국 주재 북한대사관에서 해외 공민증을 발급받은 자가 대한민국 국민이라는 대법원의 태도**나, 북한을 반국가단체로 명시한 헌법재판소 결정***을 볼 때, 국가 승인의 학설 중 '무승인, 무존재의 원칙(no recognition, no existence doctrine)'에 근거한 창설적 효과설에 기반하여 북한의 국가성을 부정하고 반국가단체로 간주하고 있음을 보여준다.

조약의 체결 주체인 국제법 주체 중 하나가 국가이기 때문에,

---

* UN 가입은 어디까지나 각 주체가 국가 승인 여부와 관계없이 UN 헌장의 공동 당사자가 됨을 의미한다. 예를 들어 독일통일 전 동·서독이 모두 UN 에 가입했음에도 서독은 동독을 국가로 인정하지 않고 동독과 서독의 관계를 특수관계(내독관계)로 보는 입장을 유지하였다.
** 「강제퇴거명령처분무효확인 등 판결」(대법원 1996.11.12. 선고 96누1221).
*** 남북교류협력에관한법률 제3조 위헌소원(헌법재판소 1993.7.29. 선고 92헌바48), 국가보안법 제7조에 관한 위헌심판(헌법재판소 1990.4.2. 선고 89헌가113).

남북기본합의서를 조약으로 본다면, 본 조약의 체결로 인해 북한을 묵시적으로 국가 승인한 것은 아닌지 여부에 대해 논란이 있다. 하지만 헌법재판소는 남북기본합의서의 법적 성격에 대해 신사협정에 준하는 성격을 가지며,* 이를 근거로 국가 간의 조약으로 볼 수 없다**고 명시하고 있고, 남북기본합의서 전문에도 "…쌍방 사이의 관계가 나라와 나라 사이의 관계가 아닌 통일을 지향하는 과정에서 잠정적으로 형성되는 특수관계"***라고 선언****하고 있다. 또한 형식적으로는 국회가 대한민국 헌법 제60조 제1항*****에 따라 동 조항에 열거된 조약에 대해 비준동의권을 가지고

---

* "남북합의서는 남북 관계를 나라와 나라 사이의 관계가 아닌 통일을 지향하는 과정에서 잠정적으로 형성되는 특수관계로서 일종의 공동성명이나 신사협정에 준하는 성격을 가짐에 불과하다."(헌법재판소 1997.1.16. 선고 92헌바6, 26, 93헌바34, 35, 36(병합)).

** "남북합의서는… 법적 구속력이 있는 것은 아니어서 이를 국가 간에 조약 또는 이에 준하는 것으로 볼 수 없고…."(헌법재판소 1999.7.23. 선고 98두14525).

*** 남북한 특수관계에 대한 판례의 태도는 서독의 빌리 브란트 수상의 국제법상 동독의 국가 승인은 인정될 수 없으며, 동독과 서독 둘 사이의 관계는 특수한 관계일 수밖에 없다는 특수관계론이 반영된 것으로 보인다.

**** 이러한 남한과 북한의 특수관계에 대한 관점은 2005년 12월 29일 제정되어 2006년 6월 30일부터 시행되고 있는 「남북 관계 발전에 관한 법률」 제3조 제1항에서도 확인할 수 있다.

***** 헌법 제60조 ① 국회는 상호원조 또는 안전보장에 관한 조약, 중요한 국제

있으나, 남북기본합의서는 상호원조 및 안전보장에 해당함에도 국회의 비준동의를 받지 않았다는 점에서 위 합의서는 국내법적 효력이 있는 조약으로 보기 힘들다.

마지막으로 대한민국 헌법 제3조 영토 조항과 헌법 제37조 제2항의 국가안전보장·질서유지 또는 공공복리를 위한 기본권 제한 규정에 따라 국가보안법의 규범적 근거가 인정되고 있는데, 이러한 국가보안법의 존재가 헌법 제4조 평화통일 조항에 위배되는 것은 아닌지 문제된다. 헌법재판소는 이에 대해 국가보안법을 합헌으로 보고 있다.* 또한 국가보안법 제2항에서 반국가단체를 "정부를 참칭하거나 국가를 변란할 것을 목적으로 하는 국내외의 결사 또는 집단으로서 지휘 통솔 체제를 갖춘 단체"라고 정의한 점, 북한에 대해 대법원이 "적화통일노선을 고수하면서 우리의 자유민주주의 체제를 전복하고자 획책하는 반국가단체

조직에 관한 조약, 우호통상항해 조약, 주권의 제약에 관한 조약, 강화조약, 국가나 국민에게 중대한 재정적 부담을 지우는 조약 또는 입법사항에 관한 조약의 체결, 비준에 대한 동의권을 가진다.

* 국가보안법 위헌소원(헌법재판소 1997.1.16. 선고 92헌바6, 26, 93헌바34, 35, 36(병합)); 국가보안법위반, 전투경찰대설치법위반, 공문서위조, 공문서위조행사 판결(대법원 1990.9.25. 선고 90도1451).

성격을 가지고 있다"고 판시*하고 있음이 확립된 견해인 점을 고려할 때, 한국은 북한을 국가로 승인하지 않고, 반국가단체로 간주한다 할 것이다. 결국 북한의 국내법적 지위는 헌법 제3조와 제4조에 따른 규범조화적 해석에 기초하여 화해협력의 동반자로서 활동하는 규범영역에서는 남북합의서 및 북한 법률의 법적 효력을 인정하는 등의 국가에 준하는 법적관계가 형성되며, 반국가단체로서 활동하는 규범 영역에서는 간첩 활동 및 이적표현물 반입 등 북한의 활동을 규제하고, 북한의 개혁개방을 유도하는 등 민주적 기본질서에 입각하여 통일을 지향하는 상대방으로서의 법적 관계가 형성된다.

(2) 남한과 북한은 언제부터 하나였는가

2018년 4월 27일, 10여 년 만에 남한과 북한의 두 정상이 손을 잡는 역사적 장면이 연출되었다. 이어 6월 30일 사상 최초로 성사된 북미 정상회담까지 이루어진 이후 남북-북미 관계는 전 세계의 이목을 끌면서 세기적인 이슈로 부상하였지만, 싱가포르에

---

* 앞의 각주 참조.

서 북미 간의 협상이 결렬된 이후 다시 교착 상태로 현재에 이르고 있다. 우리는 남북문제와 한반도 통일에 대해 이야기할 때 두 가지 논거를 든다. 첫 번째는 '하나의 민족'이라는 민족담론이다. 국제법상 강행 규정인 민족자결권을 행사하여 각 민족의 정치, 사회, 문화 등의 운명을 스스로 결정한다는 것이다. 두 번째는 대한민국 헌법으로, 헌법은 한반도와 그 부속도서가 대한민국의 영토임을 선언하여(제3조) 우리 법체계의 장소적 효력 범위를 간접적으로 밝히고 있기 때문이다.

이러한 관점에서, 우리는 원래 하나였는데 자의가 아닌 타의에 의해 분단되었으므로 다시 하나가 되어야 한다고 하자면, 남북교류협력이나 통일의 당위성을 이야기하기 전에 '우리가 언제부터 하나였는가'를 고민하여야 한다. 이를 통해 하나의 한반도라는 기점을 확립한다면 남북교류의 정당성뿐만 아니라 통일의 정당성도 도출할 수 있을 것이다.

서독의 경우 '전체로서의 독일(Deutschland als Ganzes)' 이론을 기반으로 하여 통일의 정당성을 도출하였는데, 여기에서 '전체로서의 독일' 개념은 1990년 9월 독일 문제의 최종 결정에 관한 조약(Zwei-plus-Vier-Vertrag) 전문의 "베를린과 전체로서의 독일에 대해서는 2차 대전 전승 4대국의 권리와 책임, 특히 전쟁 중과 전쟁 후 이루어진 4대 전승국 관련 제 협정 및 결정에 유의하며"라는 규정에서 나온다. 이와 관련하여 한국이 주장할 수 있는 민족자결권을 독일식으로 '전체로서의 한국'이라는 개념으로 비추어 보면, '전체'로서의 한국이 성립한 기점이 언제부터인지를 고민하여야 한다. 이를 광복절로 해야 하는지, 임시정부 수립일로 해야 할지, 아니면 대한제국을 선포한 날 등을 기준으로 해야 하는지 합의된 바가 없기 때문이다.

전체로서의 한국의 기점을 파악하기 위해서는 제헌 헌법에서 나타난 대한민국 건립에 관한 명문을 분석해 보아야 한다. 먼저 1948년 7월 17일에 제정된 제헌 헌법 전문에는 "기미 삼일운동으로 대한민국을 건립하여 세계에 선포한…"이라고 명시하였는데, 이는 1952년 7월 1차 개정 헌법과 1954년 11월 2차 개정 헌법, 1960년 6월 3차 개정 헌법, 1960년 11월 4차 개정 헌법까지 계속된다. 현행 헌법인 1987년 10월 개정된 9차 개정 헌법에서는 '우리 대한국민은 3·1운동으로 건립된 대한민국임시정부의 법통과 불의에 항거한 4·19 민주이념을 계승하고…'라고 명시하여 3.1운동으로 대한민국 임시정부가 창설되었으며 임시정부의 법적 정통성에 대해 기술하고 있다. 결국 현행 헌법 체제를 기준으로 한다면 '전체로서의 한국'의 기점은 임시정부 수립일인

1919년 4월 11일로 볼 수 있고, 그 당시 영토를 기준으로 하면 한 반도 전체와 남북한 주민들이 통일의 지향점과 주체라고 볼 수 있다.

'전체로서의 한국' 이론은 북한의 헌법과 공식 역사를 감안하지 못한 한국 중심적 이론이라는 한계가 있다. 무엇보다 북한은 남한의 대한민국 정부가 상해임시정부의 법통을 계승하고 있지 못하다고 평가하고 있다. 또한 북한은 상해임시정부는 항일무 장투쟁의 주 근거지가 아니며, 북한 김일성의 조선인민혁명군의 항일전 참여 및 조국해방의 역사를 강조하고 있다.

따라서 대한민국과 북조선의 역사적 현실을 고려한 '전체로서의 코리아'에 대한 논의가 필요하며, 이는 남과 북의 역사학자의 교류 및 공론의 장을 통해 풀어나가야 할 숙제 중 하나이다. 앞서 논의한 '전체로서의 한국'의 기산점과 기준은 북한의 헌법과 북한이 인식하는 역사관과 상충하는 측면이 있기 때문에, 남북 교류 시 한반도의 주체로서 '전체로서의 코리아(Korea as a whole)' 는 남한과 북한이 수긍할 수 있는 역사적이고 공간적·시간적 상 징성이 있는 시점과 장소를 기준으로 해야 할 것이다.

2018년 남북정상회담 직후 남한과 북한이 추진한 사업 중 하나는 바로 고려왕궁인 개성만월대 복원사업이었다. 북한의 역사

인식은 '정통론'의 관점에서 고조선-고구려-고려-북한 당국으로 계수되며, 북한 역사서에서 통일신라는 후기신라로 보고 삼국통일기의 역사는 고구려를 계승한 발해 중심으로 서술하고 있다. 실제로 고려는 왕건이 고구려를 계승한다는 의미에서 국호를 고려라고 정했으며, 신라 경순왕이 고려에 귀순하고 요나라의 침략을 받은 발해 유민들을 대거 수용함으로써 한민족의 왕조로서의 정통성을 가진다.

고려의 수도였던 '개경(개성)'은 남한과 북한 역사에서도 연고를 가지며, 개성이라는 공간은 국제도시이자 한반도 최고 경제도시로서 멀리 유럽 상인들에게 Corea라는 이름을 인식하게 한 개성상인들이 활약하던 공간이기도 하다. 현재 남한의 서울과 북한의 평양 사이에 있으며, 남북한의 연결고리였던 개성공단이 있는 공간의 상징성까지 가진다는 점에서 남북한 모두의 역사와 공간적 함의를 가지는 고려의 수도인 개성, 그러한 개성을 수도로 한 고려(Corea)의 건국 시기인 918년을 전체로서의 코리아(Corea)의 기점으로 보는 것도 유의미할 것으로 보인다.

이러한 '전체로서의 한국'의 기산점과 기준에 대한 반론이 존재한다 하더라도 남북교류 시 한반도의 주체로서 '전체로서의 한국(Korea as a whole)*은 '남북한 특수관계론'에 근거하여 논의할 수 있다. 이는 헌법재판소 판례와 1992년 남북기본합의서 전문에 명시한 '남과 북의 관계는 나라와 나라 사이의 관계가 아닌 통일을 지향하는 과정에서 잠정적으로 형성되는 특수관계'라는 명문을 근거로 한다.

이러한 헌법 제3조와 제4조에 근거한 '남북한 특수관계론'은 서로 상치되는 것으로 보이는 '남북교류협정에 관한 법률'과 '국가보안법'을 공존하게 하였다. 즉 남북한이 평화롭게 교류할 때에는 '남북교류협정에 따른 법률'에 근거하여 관계를 이어가고, 북한이 남한의 체제를 부인하고 무력침략을 하려 할 때는 '적'으로 간주하여 '국가보안법'이 적용될 수 있는 것이다.

2) 북한의 국제법상 지위는?

앞서 열거한 대로 남북기본합의서, 헌법 제3조와 제4조에 따라 북한을 화해협력의 상대방이자 동시에 반국가단체라고 보는

---

* 전체로서의 한국에 대한 보다 자세한 논의는 Dieter Blumenwitz. 최창동 역, 『분단국가의 법적 지위』, 법률행정연구원, 1996, 187-189쪽 참조.

규범조화적 해석과 더불어, 남북교류협력에 관한 법률 제2항, 남북 관계 발전에 관한 법률 제3조, 헌법재판소의 판례 등에 따라 남한과 북한의 기본적인 법관계는 나라와 나라 사이가 아닌 통일을 지향하는 잠정적 특수관계로 정의될 수 있다. 따라서 남북 간 교류는 내부교류이며 이에 따른 출입국 절차와 출입경 절차의 구별 등을 바탕으로 하는 특수관계를 전제한 교류·협력이 진행되고 있다.

그렇다면 변모하는 국제질서 속에서 북한의 국제법적 지위에 따라 남북교류의 향방이 달라질 수 있는가. 먼저 1933년 국가의 정의에 대해 규정한 〈국가의 권리와 의무에 관한 몬테비데오 협약(Montevideo Convention on the Rights and Duties of States)〉 제1조에 따르면, 국제법의 인격자로서 국가는 ①항구적 인구, ②제한된 영토, ③정부와 ④다른 국가와 관계를 맺을 수 있는 능력*이 있어야 한다.

북한은 휴전선 이북 지역에 2,500만 명이라는 주민들과 3대 세

---

* Article 1. The state as a person of international law should possess the following qualifications: (a) a permanent population; (b) a defined territory; (c) government; and (d) capacity to enter into relations with the other states.

습 정부가 있고, 전 세계 160개 국가와 외교관계를 형성하고 있다. 그렇다면 국가 승인이 문제가 되는데, 위 1933년 협약 제3조에 따르면 "국가의 정치적 존재는 다른 국가의 승인과 무관하다 (The political existence of the state is independent of recognition by the other states)"고 명시되어 있다. 이 조항은 기존의 국가 승인에 대한 창설적 효력과 선언적 효력 중 국가나 정부의 성립은 사실 그 자체이지 승인 여부와 관계없으며, 승인은 정치적 행위에 불과하다는 선언적 효력이론을 체계화하는 이론이라 할 수 있다.* 위 협약은 기존의 국제관습법을 성문화한 것이기 때문에 위 협약에 서명한 국가뿐만 아니라 모든 국가에게 적용된다고 할 것이어서,** 국제법적으로 북한은 한국의 국가 승인 없이도 국가에 해당한다.***

---

*   Hersch Lauterpacht, 〈Recognition in International Law〉, Cambridge University Press, 2012, p. 419.

**   Harris, D.J, 〈Cases and Materials on International Law〉, Sweet & Maxwell, 2004, p. 99; Castellino, Joshua, 〈International Law and Self-determination〉, 2000, p. 77.

***   실제로 유럽연합(EU)의 Badinter 중재위원회(The Badinter Arbitration Committee)는 EU 회원국의 승인을 요청한 크로아티아, 마케도니아 및 슬로베니아 공화국의 국가 여부를 판단하면서 몬테비데오 협약에 따른 국가의 정의를 확인하고, 국가의 존재는 사실 그 자체이며, 다른 국가에 의한 인정

결국 북한은 국제법상 인정되는 지위로 인해 두 가지 지위를 가진다고 할 수 있는데, 먼저 국제법상 독립된 주권 국가로서* 활동하는 규범 영역, 즉 남한과 외국 및 북한과 외국 등 각 남북한과 외국 간의 활동 영역에서는 각 주권 국가로서 활동하게 되고, 민족 일부분으로서 활동하는 규범의 영역, 즉 남북 간 거래의 내부거래성 등 남북교류와 같은 공동문제에 관한 대외적 관계에서는 국가 사이가 아닌 한민족으로서 통일을 지향하는 특수관계가 된다. 이에 따른 남북 교류협력은 국가 간의 교류가 아니라 특수 관계에 있는 정부 간의 교류이며, 남북교류가 통일을 지향하는 과정에서 협력의 동반자로서 평화공존을 모색하게 한다는 점에서 남북교류의 헌법적 근거는 헌법 전문의 평화적 통일의 사명과 헌법 제4조의 평화통일조항, 제66조 제3항**의 대통령의 통일을 위한 성실한 의무, 제69조의 대통령 취임선서*** 중 통일 관련

부분 등이 될 것이다.

3. 통일 대비 남한 보훈제도와 문제점

1) 보훈제도의 현황

(1) 근거법령

보훈제도의 근거법령을 나누어 보면, 보훈의 기본법, 직접 보훈대상자 지위를 인정하고 혜택을 부여하는 법적 근거를 정하는 법령과 보훈대상자의 지위에 관하여 간접적으로 규정하거나 영향을 미치는 법령으로 나눌 수 있다. 보훈제도의 기본법령은 「국가보훈기본법」(2005.5.31. 법률 제7572호)이다. 보훈대상자에 대한 법률관계를 직접 규율하는 법은 「국가유공자 예우 등에 관한 법률」과 「보훈보상대상자 지원에 관한 법률」을 꼽을 수 있다. 이들

하고 국가를 보위하며 조국의 평화적 통일과 국민의 자유와 복리의 증진 및 민족문화의 창달에 노력하여 대통령으로서의 직책을 성실히 수행할 것을 국민 앞에 엄숙히 선서합니다."

은 고유 행정 영역을 규정하는 법령이므로 법률에서 보훈대상자의 종류와 요건, 심사절차 등에 관한 대강의 내용을 정하고 상세한 내용을 대통령령과 시행령에 위임하고 있다. 그 외에도「독립유공자예우에 관한 법률」,「특수임무유공자 예우 및 단체설립에 관한 법률」,「5·18 민주유공자예우에 관한 법률」,「고엽제후유의증 등 환자지원 및 단체설립에 관한 법률」,「참전유공자 예우 및 단체설립에 관한 법률」등 개별 법령에서 개별 보훈대상자들에 대한 요건과 인정 절차, 혜택 등을 규정하고 있다.

간접적으로는 보훈대상자의 법률관계나 법적 지위에 영향을 미치는 모든 법령, 그리고 보훈을 위해 물질적 보상 외의 예우와 기념사업에 관련된 모든 규정들이 법원(法源)과 같은 근거법령의 범주에 포함된다. 헌법의 이중배상금지(헌법 제29조 제2항), 국가유공자·상이군경 및 전몰군경의 유가족에 대한 우선적 근로의 기회 부여(같은 법 제32조 제6항), 군인연금법·경찰연금법 등에 정한 보상, 상훈법 등이 있다.

(2) 통계로 보는 보훈대상자 현황

〈표 1〉 보훈대상자 현황[*]

	2010	2011	2012	2013	2014	2015	2016	2017	2018	2019
총계	871,092	857,151	861,817	858,834	857,107	858,859	854,356	851,635	846,800	843,770
국가유공자(계)	766,499	745,844	752,035	745,452	738,474	734,135	723,602	714,217	702,571	685,681
-독립유공자	6,942	7,098	7,214	7,312	7,378	7,437	7,483	7,548	7,714	8,036
-전공상군경	156,570	160,962	177,883	182,851	186,570	190,438	194,184	198,097	202,176	206,745
-전몰순진군경	55,625	55,455	55,313	54,998	54,573	54,125	53,727	53,273	52,680	52,188
-참전유공자	437,095	408,944	394,657	379,634	364,980	353,346	335,879	319,630	300,154	284,631
-기타	110,267	113,385	116,968	120,657	124,973	128,789	132,329	135,669	139,847	142,548
고엽제후유의증 및 고엽제후유증 2세환자	52,692	55,166	49,006	48,717	49,532	50,475	50,975	51,553	51,831	51,793
5·18민주유공자	4,090	4,095	4,191	4,252	4,252	4,235	4,225	4,377	4,415	4,410
특수임무수행자	3,113	3,261	3,496	3,575	3,617	3,659	3,690	3,714	3,765	3,786
중장기복무제대군인	44,698	48,785	53,089	56,838	61,232	66,355	71,864	77,774	84,218	89,633

출처 : 국가보훈처(보훈정책 자료 시스템) 참조.

　현존하는 보훈대상자 통계는 1962년부터의 현황을 기록하고 있다. 1962년에는 전몰순직군경 24,735명과 전공상군경 24,783명, 독립유공자 139명, 기타 683명으로 150,340명으로 집계되었고, 1996년 고엽제후유의증환자, 참전군인 및 제대군인도 편입

---

[*] 국가보훈처 등록관리과 소관 보훈통계시스템(e-나라지표 보훈대상자 현황) 참조. (최종접속2020.10.7.)

되면서 254,591명으로 대폭 늘어난 뒤 그 추세를 계속하였다. 보훈대상자 사례군이 새롭게 발견·편입되면서 2019년 현재 전체 보훈대상자 수는 유족 등 당사자가 아닌 자를 포함하면 843,770명에 이른다.*

그러나 2010년대의 통계만을 모아 보면 다른 추이가 나타난다. 2009년 878,780명을 정점으로 계속 감소 추세인데, 보훈대상자 범위를 넓히지 않는다면 이 추세가 정상적이라고 볼 수 있다. 가장 큰 비율을 차지하는 참전유공자와 전몰순직군경 등이 고령인 경우가 많아 점점 줄어들 수밖에 없고, 다른 보훈대상자도 대부분 오래된 과거의 사실을 이유로 하기 때문이다. 일제강점기나 한국전쟁, 베트남전쟁 등 대한민국 사회에 심각한 변화나 영향을 미치는 사건이 발생하지 않는다면 보훈대상자는 공상공무

---

* 참조 : 국가유공자 등 예우 및 지원에 관한 법률 제5조(유족 또는 가족의 범위) ① 이 법에 따라 보상을 받는 국가유공자의 유족이나 가족의 범위는 다음 각 호와 같다. 1. 배우자 2. 자녀 3. 부모 4. 성년인 직계비속(直系卑屬)이 없는 조부모 5. 60세 미만의 직계존속(直系尊屬)과 성년인 형제자매가 없는 미성년 제매(弟妹) ② 제1항 제1호의 배우자의 경우, 사실혼 관계에 있는 사람을 포함한다. 다만, 배우자 및 사실혼 관계에 있는 사람이 국가유공자와 혼인 또는 사실혼 후 그 국가유공자가 아닌 다른 사람과 사실혼 관계에 있거나 있었던 경우는 제외한다. (③~⑥ 생략)

원이나 중장기 제대군인 중심으로 재편될 것으로 보인다.

실제 추이를 계측해 본 연구에서도 보훈인구 고령화로 2050년이 되면 521,829명으로 현재의 61.6% 수준으로 감소할 것이며,* 이 중 국가유공자는 363,191명으로 소폭 감소하면서 가장 주된 보훈대상자 유형에 해당하는 반면, 참전유공자는 3,873명, 고엽제후유의증 환자도 379명으로 소수만 남고 대폭 줄어들 것으로 추정하고 있다.** 독립유공자나 한국전쟁 참전 등을 이유로 한 유공자들도 마찬가지이다. 이들 유형의 보훈대상자들은 유족이 없는 유형으로 신규 진입도 거의 없고 현재 수급자도 모두 고령이어서 연령이 증가할수록 급속도로 사망자가 증가하기 때문이다.***

---

* 김형석·신화연·이영자·이용재, 「국가보훈대상자 인구추계 및 보훈급여금 전망: 코호트요인법을 중심으로」, 『한국보훈논총』 19(2), 한국보훈학회, 2020, 11쪽.
** 앞의 글, 12-13쪽.
*** 앞의 글, 12-13쪽.

2) 통일을 대비한 남한 보훈제도의 문제점

(1) 현행 헌법의 보훈 근거와 북한과의 이견*

현행 헌법은 국가보훈제도와 관련하여서는 국가유공자 등에 대한 우선적 취업 기회 보장(헌법 제32조 제6항)만을 규정하고 있다. 그러나 명문 규정이 없더라도 국가유공자와 같이 국가 또는 국민을 위하여 매우 가치가 높은 희생이나 공헌을 한 사람에게 국가가 보상하는 것은 헌법 이념적으로나 국가 윤리적으로 지극히 타당하고, 법률에 규정되어 있더라도 헌법적으로 국가가 이러한 보상에 대하여 어떠한 의무를 지고 있는가는 별개의 문제이다.**

헌법적 근거를 살피는 것은 이 의무와 사법 심사의 큰 틀을 확인하는 의미가 있다. 여기서 국가유공자에 대한 각종 보상은 헌법적 의무가 아니라는 반대 의견도 있지만, 헌법재판소는 헌법 전문의 "우리 대한민국은 3·1운동으로 건립된 대한민국임시정

---

* 전수미, 앞의 「문화국가와 한반도: 남북문화교류 활성화를 위한 헌법적 검토」, 57-81쪽 일부 내용을 수정 보완함.
** 정영훈, 「국가유공자에 대한 보상·지원의 합법적 근거에 관한 검토」, 『법과 정책연구』, 한국법정책학회, 2016, 243쪽.

부의 법통과 불의에 항거한 4·19 민주이념을 계승하고", "정의·인도와 동포애로써 민족의 단결을 공고히 하고"라는 부분과 헌법 제32조 제6항을 근거로 포괄적 예우의 규범적 근거를 도출하고 있다.* 위 논거로는 기본권성까지 도출할 수 없기 때문에 희생이 있는 국가유공자에 대한 보상·지원을 위한 국가의 책임이 헌법이 정하는 사회보장의무(헌법 제34조 제2항)에서 도출된다고 보는 견해가 주장되고 있다.**

하지만 북한은 '남조선 정권이 상해임시정부의 법통을 계승하고 있지 못하다'고 평가하는데, 그 이유로 '남조선 정부가 상해임시정부의 인물들을 비롯한 독립운동세력을 철저히 배제하고 친미, 친일 인물들 위주의 단독정부를 조직'하였으며, '이승만이 상해임시정부의 주석이었던 김구를 암살하고 암살자를 보호'하였고, 그 후 '남조선 정권 또한 이승만 정권의 바턴을 받아 상해임시정부 관계자 및 독립운동 지사들을 탄압'하였기 때문이다. 북한은 이러한 점을 근거로 남한을 상해임시정부의 법통을 말살한

---

* 헌법재판소 1995.7.21. 93헌가14 전원재판부결정.
** 정영훈, 앞의 『국가유공자에 대한 보상·지원의 헌법적 근거에 관한 검토』, 263쪽.

범죄자라 평가하고 있다.*

또한 상해임시정부에 대한 평가도 남한과 상이한데, 남한이 상해임시정부를 독립 투쟁의 근거지 및 주권회복을 위해 운동을 펼친 지도 중심이라는 점을 강조하는 데 비해, 북한은 상해임시정부는 1919년 4월 중국 상해에서 조직되어 1945년 해체될 때까지 장개석의 국민당의 보호 아래 간신히 명맥을 유지해 왔다는 점, 상해임시정부가 1940년 9월 중국 중경에서 조직한 광복군 역시 통수권은 장개석의 국민낭 세력이 가지고 있었다는 점을 근거로 상해임시정부가 항일무장투쟁의 주 근거지가 아니며, 북한 김일성의 조선인민혁명군의 항일전 참여와 조국해방 투쟁의 역사를 강조하고 있다.**

이러한 점에서 향후 남북통일을 추진하게 될 경우 남한의 보훈제도가 북한에서 인정하고 있지 않은 남한의 헌법, 그중 북한에서 부정하는 상해임시정부나 대한민국 정부의 법통을 바탕으

---

* 〈로동신문〉 주체104(2015)년 9월 12일, '조선민주주의인민공화국 력사학회 대변인 담화 '력사를 왜곡하는 비렬한 놀음으로 얻을 것은 세상의 조소와 비난뿐이다" 참조.

** 김명수, 「국가보훈제도의 헌법적 고찰」, 『공공사회연구』 6권 3호, 한국공공사회학회, 2016, 135쪽.

로 하고 있기에 남북통일 후 통합의 과정에서 문제가 야기될 것으로 보인다. 따라서 대한민국과 북조선의 역사적 현실을 고려한 '전체로서의 코리아'에 대한 논의가 필요하며, 이는 남과 북의 역사학자의 교류 및 공론의 장을 통해 풀어나가야 할 숙제 중 하나가 될 것이다. 헌법재판소 판례*에서도 1992년 남북기본합의서 전문에 명시한 "남과 북의 관계는 나라와 나라 사이의 관계가 아닌 통일을 지향하는 과정에서 잠정적으로 형성되는 특수관계"라 규정한 만큼 남북한 특수관계론에 근거하여 실질적 통일을 지향하기 위한 재검토가 필요하다.

(2) 북한과의 이념 대립에 따른 국가유공자 범위의 해석

국가보훈기본법은 국가보훈의 기본이념을 "대한민국의 오늘은 국가를 위하여 희생하거나 공헌한 분들의 숭고한 정신으로 이룩된 것이므로 우리와 우리의 후손들이 그 정신을 기억하고 선양하며, 이를 정신적 토대로 삼아 국민 통합과 국가 발전에 기여하"게 하는 것으로 정의하고 있다.(국가보훈기본법 제2조).

---

* 본서 162쪽 각주 *, **, *** 참조.

또한 희생·공헌자를 "법에서 열거하는 목적을 위해 특별히 희생하거나 공헌한 사람으로서 국가보훈관계 법령에서 정하는 적용 대상 요건에 해당하는 사람"으로 정의하면서, '일제로부터의 조국의 자주독립', '국가의 수호 또는 안전보장', '대한민국 자유민주주의의 발전', '국민의 생명 또는 재산의 보호 등 공무수행'의 네 가지를 열거하고 있다(같은 법 제3조 제1호 각목). 결국 조문을 종합하여 도출되는 것은 국가체제를 수호하고 국민에 헌신한 사람을 기리고 혜택을 부여하겠다는 규범적 선언이며, 국민정신 고양과 국민통합의 기능까지 함의하고 있다.*

통계에서도 나타나듯, 보훈대상자 중 가장 큰 비율을 차지하는 것은 참전군인과 중장기제대군인, 전쟁 관련 전몰·전상자들이다. 당시 체제 경쟁은 한국전쟁 전후로 실제 무력충돌이 적지 않았으므로 친일청산에 나아가거나 독립유공자를 집중적으로 조명할 겨를도 없이 보훈대상자가 누적되도록 만들었다. 단순히 보더라도 국가체제에 위기가 오는 상황에서 적극 대응하고 희생된 사람들을 보훈자로 기리지 않는다면 국민들에게 기본적인 애국심

---

* 김명수, 앞의 「국가보훈제도의 헌법적 고찰」, 135쪽.

과 충성을 확보할 수 없다. 이런 상황에서 현실을 규율하는 법제도가 군과 냉전논리 중심으로 편성된 것은 불가피한 결과라고 할 수 있다. 현행 보훈제도는 많은 변화를 거쳤지만 이 기반 위에서 형성되었기 때문에 이념적 지향성의 문제를 안고 있다.

이는 북한에 대해 규정한 대법원 판례*에서도 잘 나타나는데, 대법원의 판례는 북한을 "조국의 평화적 통일을 위한 대화와 협력의 동반자"이기도 하지만 다른 한편 "남·북한 관계의 변화에도 불구하고 여전히 적화통일노선을 고수하면서 우리의 자유민주주의 체제를 전복하고자 획책하는 반국가단체"로서의 성격도 아울러 가지고 있고, 그 때문에 "반국가단체 등을 규율하는 국가보안법의 규범력도 계속 유효하다"고 판시하고 있다.

결국 북한을 반국가단체로서 활동하는 규범 영역에서는 간첩 활동 및 이적표현물 반입 등 북한을 이롭게 할 수 있는 활동을 규제하고 북한의 개혁개방을 유도하는 등 민주적 기본질서에 입각하여 통일을 지향하는 법적 관계로 인식한다는 점에서, 북한을 반국가단체로 규정하여, 보훈의 당사자에 대한 문제를 이

---

* 국가보안법위반(찬양·고무 등) 판결(대법원 2010.12.9. 선고 2007도10121).

념 지향적 문제로 판정하고 있다. 특히 보훈사업이 북한을 주적으로 간주하는 군 관련 유공자 중심으로 운용된다는 점에서 향후 통일을 도모하기 위해서는 북한에 대한 '주적' 개념을 바탕으로 한 보훈대상자에 대한 재 고찰이 필요하다. 따라서 다음 장에서는 통일독일의 보훈제도에 대한 검토를 통해 향후 통일한국의 보훈제도가 나아가야 할 방향을 제안하려 한다.

4. 서독 및 동독, 통일독일의 보훈제도

1) 서독의 보훈제도

서독의 보훈제도는 전쟁으로 계속 변화를 겪었다. 2차대전 전에도 한 차례 대규모 보훈대상자가 발생하여 제국원호법 (Reichsversorgungsgesetz)을 제정하고 국가의 원호를 요구할 수 있는 권리를 규정하였다. 이 법은 의료지원과 취업 알선 등을 중심으로 하였고, 군정으로 폐지되었다. 그러나 다시 상이군인이나 전쟁 피해자가 넘쳐나는 상황에서는 급히 원호의 근거를 마련해야 했고 1950년 전쟁 피해자에 대한 급부의 개선에 관한 법률,

전쟁포로 가족에 대한 생계 부조에 관한 법률, 귀환자 법률, 연방원호법(Bundesversorgungsgesetz)을 순차 제정하였다. 이 대상자들은 계속 생존해 있으면서 독일 보훈제도의 변화를 몸으로 겪었다.

서독 시대에 특히 유의미한 것은 1960년대의 전면 개정으로 연방원호법이 국가의 시혜와 배려 정책을 규율하는 법률에서 각 개인의 직업생활 및 경제적 상황과 관련된 손해를 우선적으로 고려하고, 따라서 원호 급부 역시 그러한 손해의 범위에 따르도록 하는 보상 법률로 바뀌게 된 것이었다. 구체적으로는 군사상 또는 이에 준하는 직무를 수행하던 중 손상을 야기하는 사건 또는 전쟁의 직접적인 영향으로 인해 건강상 손상이 발생한 경우, 이 건강상 장애로 인한 대상자의 소득활동 능력 감소 수준을 고려하여 연금액과 간호 수당 등을 정하고, 제대한 직업군인에게는 재직 시 보수의 75% 정도 수준을 지급하도록 하고 있다.* 이들 지급액은 같은 직종에서 45년 이상 근무한 사람의 평균연금 수준을 초과할 수 없도록 제한을 두었다. 한편 원호대상자 요건

---

* 선진보훈문화탐방단, 『프랑스·독일·폴란드 선진보훈문화 탐방 결과보고서』, 2005, 11쪽.

도 굉장히 넓게 해석하게 되어 지뢰 사고와 같이 전쟁의 사후적 영향을 받거나, 독일 국적이라는 이유만으로 억류되는 경우, 나치 치하의 군사법원의 판결로 인한 피해 등도 모두 원호대상자로 보고 있다.

이 법은 위와 같은 내용상 기본법의 역할도 겸하였는데, 군인에 대한 원호나 상이군인, 기타 공법상 보상 체계에서의 원호도 보상의 범위와 양태 등을 연방원호법에서 준용하는 방식으로 이루어졌다. 따라서 원호 급부는 보훈대상사라는 특별한 지위에서 얻을 수 있는 별도의 권리가 아닌, 국가나 공동체가 부담하여야 할 피해에 대한 사회적 보상의 하나로 자리매김하면서 '특별한 희생에 대한 보상'으로 평가하고 이를 기준으로 제도를 다시 구성하게 된 것이다. 즉 이들 법령과 제도는 '보훈' 개념에서 접근하는 것이 아니라 사회국가원리*와 법치국가원리가 결합하여 사회적 보상법체계를 구성하고, 개별적인 청구권을 규정하는 방식으로 구성되었다. 다만 예외적으로 나치 피해자들에 대한 보상은 별도의 법률로 정하고, 공산주의자들을 배제하였다.

---

* 독일 기본법은 대한민국과 달리 개별적으로 사회적 기본권을 열거하지 않고 사회국가원리를 선언하는 방식으로 추상적으로 규정한다.

위 법을 집행하는 행정기관은 원호청과 배려 행정청이고, 원호에 관한 사무를 기본적으로 주(Land)의 사무에 속하도록 하였으므로 각 주에 원호청과 배려 행정청을 설치하여 각 주 복지부나 보건사회부의 감독을 받도록 하고 있다. 보건사회부는 다른 사회보상 급부와 전쟁 희생자 보상 급부 등을 모두 통합하여 집행하는 방법으로 중복지급 문제 등을 해결하고 있다. 그 외 연방 차원에서 연방 보건사회부의 사회적 보상·원호국을 두고 있지만 기획부서일 뿐 상급 행정청은 아니다.

2) 동독의 보훈제도*

동독의 보훈제도는 명목상의 것에 지나지 않았다고 볼 수 있다. 정확히는 독일이 소련에 대항한 입장이었기 때문에 소련의 영향을 받은 동독은 전쟁 피해자나 2차 대전 상이군인 등을 보상할 수 있는 정당성을 확보하기 어려워 큰 공백이 생긴 채 사회주의 보상 체계에 의존하는 상황이었다. 뿐만 아니라 보상 수준도

---

* 법제와 역사적 배경 등은 김학준,「외국의 보훈제도(대만·호주)」, 보훈교육 연구원, 2005, 161쪽 이하를 정리하였다.

높지 않아 유의미한 역할을 하지 못하는 상황이었다.

앞서 본 바와 같이, 동서독 통일 이후에는 별도의 법 제정 없이 서독의 연방원호법이 확장 적용되었다. 특히 통일 당시 동독에 체류하고 있었던 사람들에 대한 별도의 보상이 이루어졌는데 서독 대비 동독 지역 생산성 등을 고려하여 46% 정도 수준으로 보상하면서 순차 비율을 높여 나가다가 2000년 연방헌법재판소의 결정으로 인해 1997년부터 소급하는 방식으로 서독과 동일한 수준의 금액이 지급되었다.*

3) 통일독일의 원호제도

통일 이후 서독의 원호제도는 그대로 독일의 원호제도가 되었지만, 동독 영역에도 적용하기 위한 여러 특칙들이 만들어졌다. 이러한 일견 일방적인 방식은 통일조약 부속문서 I의 VII장 업무 영역 K의 III절 1항의 항목 m)은 1991. 1. 1.부터 서독의 원호법

---

* BVerfG, 2000. 3. 14. BvR 284/96., 경제력 등을 고려한 차등 지급은 입법 형성의 영역이지만, 상승폭이 너무 낮았고 경제 불황이 심해지면서 고령의 동독 사람들에 대한 차별 취급이 고착화될 가능성이 생겼기 때문이다.

을 동독에도 적용하도록 하고 있는데, 독일의 통일 방식이 동독을 구성하던 각 주가 서독의 연방에 새로 가입하는 방식으로 이루어졌기 때문에 가능한 것이었다.

동독 지역에 거주하던 사람들에 대한 새로운 기준도 마련되었다. 통일조약은 경과규정에서 1993. 12. 31.까지 원호 급부를 신청한 경우 1991. 1. 1.로 소급하여 지급되도록 하는 규정을 두었고, 장소적 요건으로 통일조약이 체결된 날(1990.5.18.)을 기준으로 구 동독 지역에 주소지를 가지고 있을 경우 동독 지역에 준하는 원호 기준을 적용하도록 하였다. 구 동독 인민군에 복무하였거나 복무 중인 자의 경우는 사례를 나누어, 조약 체결일을 기준으로 연방원호법 적용 여부를 결정하고, 동독 인민군이 독일 연방군에 흡수되기 전에 발생한 사고는 위 법의 적용을 받지 못하게 하였으며, 직업군인의 경우 원래 병역의무자가 아니므로 원칙적으로 적용 대상에서 배제되었다.

그 외에 위 체계에서 수감자 부조법과 복권법 등 동독 사회주의통일당 독재 치하에서 정치적 사유로 불법적인 피해를 입은 사람들에 대한 원호와 복권을 정하는 별도의 법률이 제정되었다.

현재 독일은 현 제도의 유지와 관리에 초점을 두고 있다. 전쟁과 관련된 상이군인이나 전쟁피해자 등 직접 당사자들은 대부분 사망했거나 고령으로 기대여명이 길지 않기 때문이다. 전쟁 직후 400만 명을 넘던 대상자들은 현재 50만 명 이하로 줄어들었고, 더 이상 침략전쟁을 하지 않는 독일의 상황 상 원호대상자들의 비율이 재편성될 수 밖에 없었다.

4) 통일독일의 보훈제도가 주는 시사점

통일독일의 보훈제도는 역사적 평가나 정치적 함의를 포함한 다층적인 면들이 제도에 반영되어 있다. 흡수통일 후 서독의 보훈제도를 그대로 확장 운영하면서 동독 지역 생산성 등을 고려해 보상하고 새로운 제도를 구축하지 않은 것은 체제 경쟁의 마지막 장면이었다고도 볼 수 있다. 보훈제도가 추구하고 지향하는 가치는 국가 존립과 체제 수호라는 점에서 이념적 성격이 비교적 강하다. 우리와 독일은 헌법체계나 이념적 대립의 양상이 서로 상이하기에 어떤 형식의 통일인지를 제외하더라도 결과적으로 북한의 보훈제도나 관련 법령을 존속시킬 것인지, 아니면 기존의 법제도를 완전 폐지하고 완전히 새로운 보훈체제를 만들거나 북한에 이식할 것인지에 대해 더 많은 고민과 검토가 필요하다. 우리에게 보훈이란 사회보장 제도의 영역으로 흡수되지 않은 독립된 영역일뿐만 아니라, 이념적 충돌이 더욱 예각적으로 드러날 수 있는 분야이기 때문이다. 아직까지 우리나라의 보훈제도는 국가를 위해 희생한 자들에게 베푸는 국가 차원의 시혜나 이들을 추앙하는 단계에 그친다는 문제가 있다.

두 번째는 통일 대비에서 보훈제도도 예외가 될 수 없다는 점이다. 독일보다 더 오랜 시간 분단이 이어졌으므로 재정적인 부담은 독일보다는 적을지 모르나, 북한의 보훈대상자가 남한 체제에서는 전혀 정당성을 인정받을 수 없는 경우도 적지 않을 것이고 개별적인 혜택의 내용도 크게 다르기 때문에 통일과 동시에 순간적으로 보훈행정에 큰 부담이 발생할 수 있다. 따라서 우리가 북한의 어떤 요소를 반영하고 검토할 것인가를 결정하여야 한다. 주로 남한에서도 인정해줄 수 있는 보훈적 가치, 경제력 차이 등의 반영 및 지원 수준, 북한의 영웅 칭호를 받은 인물들과 같이 기존에는 수급자였으나 남한의 체제 성격상 보훈대상으로 인정받을 수 없는 자에 대한 처우 및 경과조치, 재심사 기준과 신청 기준일, 공고와 집행 등 다양한 규정을 마련하여야 한다. 이는 통일조약으로 한 번에 해결하기에는 너무 많은 내용이므로 조약에서 별도의 법령에 위임하는 근거를 두거나, 미리 법을 제정해 두고 한시법으로 운용한 뒤 대상자 대부분이 사망하거나 수급자격을 잃게 되면 현행 법체계에 흡수시키는 것이 자연스러울 것으로 보인다.

세 번째는 시혜에서 보상으로의 전환이다. 이 문제는 헌법이 정하고 있는 사회국가원리 구성 형식과도 관련이 있기에, 사회보장청구권과 밀접한 결합이 있을 수밖에 없다. 독일 원호제도는 보훈의 영역에서 탈피한 지 오래되어 사회보장청구권의 각 내용을 구체적으로 규정하는 거대한 체계이므로 곧바로 우리가 받아들일 수 있는지는 의문이 있지만, 최소한 그 방향성은 참조하여 보훈대상자에 대한 보상을 시혜적 시각이 아니라 최종적으로 국가가 책임을 부담하여야 할 영역임을 자각하고 보상하는 방식으로 구성해 갈 필요가 있다. 이를 위해서는 보훈대상자의 수급요건이나 대상자 정립부터 재정비하고, 나아가 보훈대상의 인정 절차뿐만 아니라 사회보장과의 중복수혜 문제 등을 정리해 나가야 할 것이다.

마지막으로 보훈대상자의 노령화에 따른 수급권 재구성과 제공이다. 오래 전부터 유럽은 전반적으로 고령화 문제를 마주하고 있고, 이에 독일의 보훈대상자들도 예외일 수 없었다. 특히 대규모로 보훈대상자가 발생하게 된 사건인 2차 세계대전도 꽤

오랜 시간이 지났기 때문에 보훈대상자의 노령화 문제는 훨씬 급격하게 나타나며 노령자 비율도 매우 높다고 볼 수 있다. 이 문제는 한반도에서도 공통적으로 나타나는 상황이다. 전쟁 피해자나 상이군인 등이 점점 줄어들고 있기 때문이다. 사회보장과 보훈이 결합된 체계적인 제도를 가진 독일에서는 현상 유지와 재원의 마련으로도 어느 정도 노령화에 대한 대응이 가능하지만, 우리나라는 아직 관련 제도가 제대로 정비되어 있지 않다. 따라서 통일 한국에서는 보훈대상자의 고령화에 발맞추어 보훈대상자의 수급권 구성과 제공이 필요할 것으로 보인다.

5. 결론 : 한반도 통일에 따른 보훈의 방향

통일 이후, 남과 북의 역사적 인식의 차이와 지난 70여 년간의 변화로 인해 기존 보훈대상자의 구도는 크게 바뀔 것으로 예상된다. 그리고 통일 이후에는 남과 북의 많은 차이로 인해 지금과 같은 구도가 유지되기는 어려울 것으로 보인다. 보훈제도는 과거의 사실을 확인하고 기념하여 미래에 추구하여야 할 가치를 확보하는 미래지향적인 역할을 한다. 따라서 완벽한 예측은 불가능하더라도 최소한 변화가 예상되는 추이에 따른 재편성과 재조명이 이뤄져야 할 것으로 보인다. 통일 이후 보훈제도가 나아가야 할 구체적인 방향은 다음과 같다.

1) 인간 안보를 바탕으로 한 남북 관계 패러다임 전환

2020년은 한국전쟁 발발 70주년이며, 6.15 공동선언 20주년이지만 남북 관계의 개선은 요원해 보인다. 기존 70여 년의 남북 관계 패러다임은 국가안보의 패러다임으로서 국가안보를 유일 목표로 하여 군사 안보를 주요 수단으로 활용해 왔다. 남한의 국가안보에 대한 결과물 중 하나가 보훈제도라 할 수 있다. 최근 전 세계적으로는 '코로나 팬데믹'이나 '기후 변화' 등을 계기로 국가안보보다는 인간 안보를 주목하고 있으며,* 이러한 추세에 맞추어 통일한국의 보훈제도도 남한과 북한의 하나 됨과 탈이념적인 패러다임을 바탕으로 한반도 보훈의 미래를 설계해야 할 때이다.

이러한 패러다임의 전환과 통일 보훈제도의 구상을 위해 먼

---

* 서보혁, 「인간안보에 있어서 국가의 역할 연구」, 『동북아연구』 제27권 2호, 경남대학교 극동문제연구소, 2012, 73-100쪽.

저, 남과 북의 이념 대립, 체제 대립으로 인해 그동안 역사 속에 묻혀왔던 사람들에 대한 새로운 평가가 필요할 것으로 보인다. 남북한의 대립으로 인해 제대로 된 역사적 평가를 받지 못한 국가유공자들이 보훈대상자로 선정될 수 있도록 해야 한다. 보훈대상자가 되는 요건은 역사적 평가를 수반하므로, 그 평가가 달라지거나 재조명되면서 대상자들이 늘어날 수 있다. 특히 통일한국에서 보훈대상자들은 더더욱 역사적 평가에 따라 대상자로서의 지정 범위가 달라질 것이다.

물론 북한과의 대립을 바탕으로 기존에 선정 유공자에 대한 재해석 문제와 함께 인간을 중심으로 하는 안보 패러다임에 기반한다면, 대상자의 확대로 인한 예산 부담 문제가 거론될 수 있다. 하지만 기존의 냉전시대의 대립적 구도를 바탕으로 발전한 국가안보 패러다임은 '국가'라는 이름 아래 일반 국민의 삶을 위협해 온 만큼, 차후 남북통일을 기반으로 한 새로운 보훈의 상은 '대중 중심의 접근'을 바탕으로 해야 한다. 결국 인간 안보 중심의 패러다임을 반영하여 보훈대상자의 추가 선정이 이루어져야 할 것이다.

다만 통일한국의 보훈대상자 선정은 극한의 이념적 갈등을 부를 가능성이 있으므로, 추구하는 정의의 방향에 좌우될 것으로 보인다. 이때 중요하게 봐야 할 것은 몇몇 사건을 선택적·대립적 구도로 가져가지 않는 것이다. 'A 사건은 폭도이고 B 사건 관련자들이야말로 진짜 국가유공자'와 같은 구도는 보훈제도의 목적 달성을 저해하는 적-이분법에 불과하므로 '포용적 보훈정책'이라는 시각이 필요하다.

예를 들어 일제강점기의 독립운동과 분단 체제 시기의 체제 수호 활동 사이에 충돌이 있는 경우, 후자의 사유로 전자의 행위에 대한 평가를 유보하거나 부인할 수 있느냐의 문제가 있다. 이는 남북이 외세에 의해 분단된 상황과 이데올로기적 내적 분열을 바탕으로 어느 한쪽이라는 선택을 할 수 밖에 없었던 시대적 상황이 존재했음을 고려해야 할 것이다. 과거 20세기의 냉전적 환경에서 외세 이데올로기에 따라 어쩔 수 없이 남과 북 중 어느 한쪽을 선택할 수밖에 없었다고 한다면, 이제 민족 내부에서 자율적이고 주체적으로 남북한을 아우르는 통합적 관점에서 이들의 행위를 재평가할 필요가 있다.*

---

* 이헌환, 「전환기의 보훈정책 - 국가정체성의 재정립을 위한 시론 -」, 『공법연구』 47집 4호, 한국공법학회, 2019, 137쪽.

2) 북한관련 새로운 사건의 발견과 재검토

대표적인 사례가 약산 김원봉 선생의 사례라고 할 수 있다. 그는 의열단 활동 등 강렬한 독립운동을 통해 해방에 기여한 바가 큰 반면, 해방 후 북한으로 가서 북한 정권 수립에 기여하였고, 남북협상에 참여하였다. 그 뒤 북한에서 최고인민회의 대의원 등을 역임하다 1958년 숙청당하게 된다. 위와 같은 행적들을 종합하여 보면 상훈법에는 명문의 규정이 없으나 실무 기준상 '북한 정권 수립에 기여한 자'는 서훈 대상에서 제외하도록 하고 있어(독립유공자 포상 심사기준 참조) 서훈을 요건으로 하는 독립유공자 요건을 갖출 수 없다. 또한 상훈법이 국가안전에 관한 죄를 범하고 형을 선고받거나 적대지역으로 도피한 경우 서훈 취소 사유로 정하고 있어(상훈법 제8조 제1항 제2호) 이런 취지에서 약산의 행적을 문제 삼을 수 있는 점도 걸림돌이다.

다만 위 포상 심사기준은 법률의 위임이 없는 내부적 행정 처리 기준에 불과하고, 부당하게 제한하는 면이 있어 타당하다고 보기 어렵다. 행정 규칙 단계에서 국가가 추구하고 기념하여야 할 방향에 반공주의적 시각을 강하게 반영하는 것으로 합리적이라고 볼 수도 없고, 대한민국에 대한 기여도를 무시하는 절대적 기준이 될 우려가 있다. 이점에서 그의 활동을 반공주의 시각을 전제로 공(功)과 과(過)로 구획하고 보훈 여부를 결정하는 것은 적절한 역사적 평가가 될 수 없으며, 보훈에 대한 제대로 된 시각으로 보기 어렵다.

이미 보훈처는 2019년부터 좌익경력자 298명에 대한 재심의를 진행하고 있기 때문에, 약산의 사례도 재검토가 불가능한 것은 아니다. 약산의 사례가 논쟁을 부르는 이유는 결국 보훈제도가 추구하는 국가 이념의 문제 때문이라고 할 수 있다. 상훈법이 국가의 체제를 부정한 사람은 서훈을 취소하도록 한 것도 보훈이 추구하는 방향의 한계 때문이다. 그러나 보훈은 역사적 평가의 성격이 강하며, 당시 월북한 많은 인사들이 북한이 추구하는 바에 절대적으로 찬동하여 가담하는 것만은 아니었던 사정 등을 고려하면 포용적 보훈정책을 기반으로 한 재검토가 필요할 것으로 보인다.

3) 한반도 내 보훈 관련 기념사업 및 교육의 필요

보훈에 있어 자긍심을 고취케 하는 기념과 예우는 매우 중요하다. 앞서 언급한 하중사의 경우 '전투 또는 이에 준하는 직무

수행'의 상황에서 상이를 입은 '전상군경'인지, 교육 훈련 또는 그 밖에 일반적인 직무수행 중 상이를 입은 '공상군경'인지 여부가 문제가 되었다. 왜 하재헌 중사는 전상군경 판정을 받기를 원했던 것일까. 바로 '명예로운 전상' 때문이다. 실질적으로 전상판정과 공상판정에 따른 국가유공자법의 혜택은 거의 차이가 없지만, 앞서 언급한 대로 전상판정은 '전투 또는 이에 준하는 특수한 직무수행 중'에만 인정되기에 군에서는 '전투'와 유관한 '전상' 판정이 보다 명예롭게 여겨진다.

결국 보훈대상자들은 '국가나 사회에 대한 경험과 철학을 가지고 국가를 위해 봉사했거나 하는 자들'이므로 국가와 국민들에게 더욱 존중을 받아야 한다. 그렇지 않다면 오히려 특정 정치 세력들의 선전·선동에 손쉽게 노출되어 동원되거나 휘둘리는 유혹을 받을 수도 있다. 이런 점에서 국가유공자에게 품위 유지 의무를 부과하는 규정(「국가유공자 등 예우 및 지원에 관한 법률」 제10조)의 수범자는 국가유공자뿐만이 아니라고 볼 수 있다. 국가 역시 국가유공자들이 품위를 유지할 수 있도록 세심한 배려와 적극적인 노력을 기울여야 한다.

이렇게 국가유공자의 품위를 유지하고 기념하기 위해 대대적으로 알리는 방법에는 국가가 국민들을 찾아가며 홍보하는 방법과, 국민 스스로가 기념을 위해 찾아오는 두 가지가 있다. 찾아가며 홍보하는 방식도 중요하지만 일반 국민들 스스로가 관심을 가지고 기념 행위를 위해 자발적으로 찾아오게 하는 방안이 필요하다. 왜냐하면 국민들이 찾아오는 경우, 국민들이 국가유공과 보훈에 대해 스스로 관심과 흥미를 가지고 오는 것이므로 참여도 및 공감과 보훈에 대한 이해도 더 높아지게 되기 때문이다.

통일한국의 보훈제도는 단순히 보훈대상자의 생활보장을 위해 물질적인 지원을 하는 단계에서 벗어난 국민들 스스로가 냉예롭고 상징적인 의미를 부여할 수 있는 방안 모색이 필요하다. 상징적 보훈사업의 영역에서는 좀 더 다채로운 생각과 발상 전환이 요구된다. 국가정체성은 보훈정책만으로 확립되는 것이 아니기 때문에 시민의 참여나 자발적인 의지가 중요하고,* 국가가 보훈 영역을 독점하거나 주도하게 된다면, 논리적 모순일 뿐만 아니라, 현실적으로는 국가가 특정한 상징을 조작 및 왜곡하는 결과로 나타날 수도 있기 때문이다.**

---

* 오일환, 「국가보훈과 국가정체성」, 『민족사상』 5권 1호, 한국민족사상학회, 2011, 61쪽.

** 김연식, 「다원적 민주주의 사회에 국가정체성과 보훈」, 『제9회 2007년 학술논문공모 당선작 보훈학술논문집』, 국가보훈처, 2007, 58쪽(오일환, 위의 「국

이렇게 되면 오히려 남북한 사이 이념적 편향성 문제를 불러일으키고 보훈대상자들에 대한 인식마저 나빠지는 등 '억지 보훈'의 역효과를 불러올 수 있다는 문제가 있다. 현재까지는 남한 청년층에서의 보훈 행사 적정성에 대한 인식은 많이 나쁘지 않은 편이므로 긍정적인 방향으로 이끌어갈 수 있는 여지가 있다.*이러한 상황을 바탕으로 통일한국의 국민들에게 보훈 관련 행사나 참여 방법 등을 공모 받고, 현재 유행하는 유튜브나 인스타그램 등 콘텐츠를 활용하여 통일 한반도의 국민들이 '보훈' 부문에 자연스럽게 접근할 수 있도록 알리는 것이 필요하다.

이를 뒷받침하기 위해서는 보훈공단의 역량 강화도 선제되어야 할 것으로 보인다. 차후 통일한국의 보훈공단은 단순한 행사나 번거로운 의전의 준비라는 차원을 넘어 예우와 기념의 새로운 방향을 고민하고 역사상 위인으로 남아 있는 인물들에 대한 보훈 처우와 그 영향력, 시민들의 인식을 철저하게 분석하는 작업이 필요하다. 이번 총서를 계기로 보훈교육연구원과 통일연구

가보훈과 국가정체성」, 61쪽에서 재인용).

* 구체적인 결과는 신은숙, 「대학생들의 국가유공자에 대한 보훈 관련 인식도 연구」, 『한국보훈논총』 18(3), 한국보훈학회, 2019, 59-83, 70쪽 참조.

원에서는 남북한의 역사학·정치학·사회학 등 여러 분야 전공자와 협업하여 통일한국의 보훈제도에 대한 청사진을 제시하는 연구를 지속하길 고대한다.

보훈과 통일의
공동 지향에 대한 모색

서 운 석_ 보훈교육연구원 연구원

1. 서론

1950년 6월 25일 북한군의 남침으로 전쟁이 시작된 뒤, 패퇴를 거듭하던 한국군과 미군은 1950년 9월 15일 인천상륙작전을 계기로 전면적인 반격을 개시했다. 연합군은 1950년 9월 28일 서울을 탈환하고, 10월 19일 평양을 점령했다. 그러자 김일성 정권은 산악지대인 평안북도 강계로 후퇴하여 그곳을 임시수도로 정하고, 소련과 중국에 지원을 요청했다. 중국은 10월 25일 중국인민지원군을 창설해 북한군과 연합사령부를 구성했으며, 그날부터 전투에 참전했다. 11월부터 중국군과의 전투가 본격화되면서 압록강 유역까지 진출했던 유엔군은 장진호 전투에서 큰 피해를 입고 후퇴하게 된다. 설상가상으로 1950년 12월 원산이 적중에 넘어가면서 퇴로라고는 흥남 밖에 없는 처지가 되고 말았다.

이런 사정으로 1950년 12월 15일부터 23일까지 미 제10군단과 국군 제1군단이 홍남 항구를 통해 해상으로 철수하는 홍남철수가 실시된다. 12월 11일부로 미 제1해병사단 병력과 장비가 선상으로 탑재되기 시작하여 같은 달 14일 선적이 완료되었으며, 15일 출항하였다. 이후 유엔군 부대와 국군 제1군단이 12월 23일까지 홍남철수를 완료하였다. 이때 미 제10군단장 알몬드 장군은 6백만 톤이나 되는 무기와 장비를 수송해야 했기에 피난민 수송이 어렵다고 했으나, 국군 제1군단장 김백일 장군과 통역인 현봉학 선생의 설득으로 남는 공간에 피난민 수송을 허락했다. 피난민 승선이 허락되자 부두는 아비규환의 혼란으로 변하였다. 상륙작전용 함정인 LST 한 척에 정원의 10배가 넘는 5천여 명이 승선하였지만, 당시 홍남으로 피난하여 월남을 준비하던 30만의 인파 중 마지막까지 배를 탄 피난민은 9만 8천여 명이었다.

이 과정은 영화로도 만들어졌다. 2014년 개봉한 윤제균 감독의 장편영화 〈국제시장〉이 그것이다. 이 영화는 1950년 한국전쟁으로 월남하면서 아버지, 어린 여동생과 이별을 맞는 주인공이 자신의 꿈을 포기하고 가족을 위해 살아가는 과정을 그려냈다. 이 영화는 국민적인 호응을 불러와 역대 14번째로 '천만 영화 클럽'에도 이름을 올렸다. 영화 주인공의 이름은 윤덕수인데, 어머니 아버지와 세 명의 동생들과 함경남도 홍남에서 행복하게 살고 있었다. 그러나 소년의 행복은 1950년 남과 북이 전쟁하게 되면서 끝나 버린다. 덕수네 가족을 비롯한 홍남 주민들은 짐을 챙겨 피난길에 올랐지만 이미 모든 퇴로는 다 막혀 있고, 남은 것은 철수 작전 중인 화물선 메러디스 빅토리(Meredith Victory)호에 승선하는 길뿐이었다. 영화에는 통역관 현봉학 선생이 제발 난민들을 구해달라고 애원하는 장면과, 미 10군단장 알몬드 소장이 무기를 모두 버리고 난민들을 태우라고 말하는 장면이 나온다. 하지만 배가 아무리 크다고 한들 난민들을 모두 태우기에는 역부족이었고, 제때 배에 오르지 못한 난민들은 밧줄에 매달려서 올라오고 있었다. 덕수 역시 여동생 막순이를 둘러업고 밧줄을 잡고 올라오던 중, 누군가가 막순이의 어깨를 잡고 끌어당겨 버렸고, 배에 오른 뒤 동생이 없다는 걸 깨달은 덕수는 곧바로 동생을 찾아 밑을 내려다보지만 동생은 흔적을 감춘 뒤였다. 딸이 없어진 걸 알게 된 덕수의 아버지는 딸을 찾기 위해 다시 밑으로 내려간다. 그 순간 멈춰 있던 배는 출발해 버렸고, 그렇게 덕수는 이들과 생이별을 하게 된다. 졸지에 아버지를 대신해 가족의 생계를 책임지게 된 덕수는 고모가 있던 부산 국제시장에서 일을 시작한다. 이후 남동생의 대학 등록금을 벌기 위해 독일에 광부로 떠나고, 귀국 후 한창 전쟁 중인 베트남으로 건너가 기술 근로자로도 일을 한다. 그러다가 다시는 못 볼 줄 알았던 잃어버린 여동생을 이산가족 찾기 프로그램을 통해 만나게 된다. 당시 배에서 떨어졌던 막순은 미군들에게 구조됐고, 이후 부산에 있는 고아원에서 지내다 미국으로 입양됐다. 그리고 줄곧 미국에서 살게 되었던 것이다. 이들이 겪었을 고생은 이 영화와는 관련 없이 다들 충분히 짐작할 수 있을 것이다.

이런 한 편의 영화를 통해서도 절실히 느낄 수 있듯이 남북 분단은 어떤 처지에 있었든지 우리에게 엄청난 고통을 주었다. 현재도 그 고통은 여전히 남아 있으며, 근본적 해결이 없는 한 미래에도 계속될 것이라고 예상해 볼 수 있다. 이런 헤아릴 수 없는 한과 업보들이 과연 풀릴 수 있을지 두려움도 크다. 그러나 결자해지라고, 그 해결을 누군가가 대신해 줄 수는 없고, 비틀거리며 나아갈지언정 우리 스스로 풀어나갈 수밖에 없다. 그리고 이런 모순의 최종적인 해결 방안은 통일 밖에는 없다. 이와 함께 우리 사회의 중대한 문제들을 해결하는 현장에 국가유공자들이 있었고, 이런 국가유공자들의 뜻을 기리고 공헌에 보답하는 것이 보훈이라고 할 때, 보훈 영역에서 통일과 관련하여 고민해야 하는 것은 당연한 귀결이라고 할 수 있겠다. 이런 취지에서 여기에서는 보훈과 통일이 접하는 의미와 보훈 영역에서의 통일과 관련한 논리는 어떤 식으로 전개하는 것이 타당한지 검토해 보고자 한다.

2. 보훈정책의 이해와 미래 전망

1) 보훈정책의 이해

나라를 위해 희생, 공헌한 국가유공자 및 유족에게 국가가 예우 및 지원을 실시함에 있어 관계 법률명이나 기관명 또는 정책이나 사업명 등을 어떠한 용어로 표현, 지칭하는가 하는 것은 매우 중요하다. 그 용어 속에는 국가유공자들에 대한 국가의 정책기조 및 의지, 방향 등이 포함되고 또한 이는 국가유공자들의 명예와도 직접 관련되는 사항이기 때문이다. 이에 우선 국가유공자 및 유족에게 예우 및 지원을 실시하는 일을 통칭하는 보훈이란 용어의 정의와 해석부터 알아보고자 한다.

보훈이란 용어를 사전적 또는 법률적으로 정의하면 '나라를 위해 희생, 공헌한 국가유공자와 유족에게 국가가 그 훈공(勳功)을 기리고 보답하고자 정신적, 물질적 예우 및 지원을 실시하는 일'이다. 보훈은 정부 부처 이름에서도 볼 수 있듯이 국가보훈(國家報勳)이라고도 하는데, 이는 보훈정책과 제도, 사업의 실시 주체가 주로 국가란 점을 보여준다. 우리나라에서 보훈이란 용어가 본격적으로 쓰이기 시작한 것은 1984년 「국가유공자 예우 등에 관한 법률」이 제정되면서부터였다. 그 이전까지는 원호(援護)라는 용어가 쓰였으며, 현재의 국가보훈처 역시 군사원호청, 원호처 등으로 명명되었다. 하지만 보훈이란 용어와 원호라는 용어는 비단 어의(語義)에서뿐만 아니라 국가유공자들을 예우하는 근본적 취지 면에서도 크게 차이가 난다. 즉, 원호라 함은 단순히 지원과 구호 등 구휼(救恤)의 의미를 담고 있으나, 보훈이란 공훈에 보답한다는 사의(謝意)를 담고 있다. 또 원호가 시혜(施惠)적인 것을 의미한다면 보훈은 도덕적 당위 또는 의무 행위임을 강조한다. 따라서 국가유공자들을 예우, 지원함에 있어 보훈이란 용어를 사용하는 것은 나라를 위해 희생, 공헌한 국가유공자들을 정성껏 섬기고자 하는 예우 의지의 표명임과 동시에 국가의 책임 의식을 명확히 정립, 천명한다는 점에서 대내외적으로 국격의 수준을 한 차원 높이는 것이라 할 수 있다. 이처럼 보훈 관련 용어의 변천 과정과 각 용어의 의미만 분석해 봐도 국가유공자들을 예우하는 정부의 정책 기조와 의지의 일단을 엿볼 수 있는 것이다.

보훈정책의 이해와 관련하여 보훈의 역사를 살펴보면, 나라를 위해 희생, 공헌한 국민들에게 국가가 상응한 보상과 예우를 실시하는 것은 모든 국가공동체가 추진하는 보편적 실행 덕목이라 할 수 있다. 따라서 보훈제도는 고대 국가로부터 현대 국가에 이르기까지 다양한 내용과 형태로 유지, 운영되어 왔다. 세계 여러 나라들은 국가를 위해 공헌한 유공자 및 유족들에 대해 상응한 보상과 예우 정책을 시행함으로써 그들의 생활 안정은 물론 사회적 지위 향상을 도모하고 국민들의 애국심, 호국의지를 고양하는 한편, 국가의 도덕적 책무를 충실히 수행하고자 노력하였다. 그러나 고대 왕조국가나 중세 전제군주국가에서의 경우 국민보다는 국가를 우선시하는 통치이념으로 인해 당시의 보훈제도는 오늘날의 보훈이념과 같이 도덕적 당위의 개념에서 시행되었다기보다는 통치권자의 은전적, 시혜적 차원에서 실시된 경우가 많았다. 특히 고대의 보훈제도는 대개 전쟁 시 공을 세운 이들을 포상하기 위한 것이었으며, 그 주된 취지와 목적 또한 국가나 통치자에 대한 충성심을 유도하기 위한 것이었다. 보훈의 대상 역시 일반 병사들보다는 전장(戰場)에서 공을 세운 장수들 위주로 이른바 논공행상의 차원에서 실시되었다. 이는 오늘날의 보훈 개념과는 차이가 있는 것이지만 당시 현실에서는 의미와 가치가 있는 일이었다.

이후 근대에 이르러 국민을 나라의 주인으로 섬기는 자유민주주의 정치이념이 보편화되고 사람들의 의식과 문화 수준이 선진화됨에 따라 동서양 각국에서는 보훈을 나라가 반드시 수행해야 할 도덕적 책무라고 인식하는 차원에서 체계적인 제도를 구축, 시행하기에 이르렀다. 또한 보훈대상을 설정함에 있어서도 국가 간 전쟁의 사례가 줄어들면서 참전용사들뿐만 아니라 국토방위의 직무에 오래 종사하였거나, 공무로 인하여 상이(傷痍)를 당하였거나, 민주화 등 국가사회 발전을 위해 현저한 공을 세운 일반 국민들에 이르기까지 그 범위를 점차 확대하였다. 오늘날 세계 각국이 실시하는 보훈제도는 바로 이러한 역사적 변화와 발전 과정을 거쳐 보훈대상자들에게 좀 더 체계적이고 다양한 예우 및 지원 제도를 수립·실시하게 된 것이다.

개략적인 보훈의 정의와 역사를 바탕으로 보훈의 이념을 살펴보면, 국가는 국민들의 투철한 애국사상, 숭고한 호국의지를 토대로 유지·발전됨을 전제할 때 나라를 위해 희생·공헌한 국민들에게 국가가 상응한 예우와 지원을 실시하는 것은 보상(補償)의 개념이 아닌 보상(報償)의 개념으로 인식하고, 시행함이 타당하다. 보상(補償)이 국가 또는 단체가 적법한 행위에 의하여 국민이나 주민에게 가한 재산상의 손실을 갚아 주기 위하여 제공하는 대상(代償)이라고 한다면, 보상(報償)은 남에게 진 빚 또는 받은 물건을 갚는다는 의미에 더해 행위를 촉진하거나 학습 분위기를 조성하기 위하여 사람이나 동물에게 주는 물질이나 칭찬이라는 의미를 추가하고 있는 등 이념적·가치적 내용이 추가된 개념이다. 즉, 국가의 유지·발전을 위해 희생·헌신하는 것이 국민의 도리라면, 그러한 국민의 희생과 헌신에 보답과 예우를 하는 것 역시 국가의 당연한 도덕적 책무라는 윤리성이 포함되어 있다. 이는 국민을 주인으로 섬기는 근대 민주주의 국가 이념이나 우리나라의 헌법정신에 비추어 봐도 지극히 합당한 일이다. 특히 전란 발발과 같은 위기상황 시 국가를 위해 개인적 희생과 헌신을 기꺼이 감수·실천하려는 국민들의 호국의지 발현은 그 희생과 헌신이 사후 국가로부터 적절히 평가·예우 받는지에 대한 타당성·신뢰성 여부가 매우 중요한 행동 동기로 작용하기 마련이다. 따라서 이에 대해 공정하고 합리적인 원칙과 기준을 수립·운영하는 보훈정책이야말로 국민들로 하여금 애국사상, 호국의지를 고양하게 함은 물론 국가의 도덕성을 가늠할 수 있게 하는 척도로 작용한다. 더욱이 우리나라는 역사적으로 볼 때 일본이나 독일 등의 국가처럼 전쟁 유발국이 아니라 주변국들로부터 잦은 침략을 당해 온 전쟁 피해국이었기에, 오늘날 보훈대상의 주류를 이루고 있는 순직군경과 참전용사들에 대한 서훈의 정당성은 물론 보훈에 대한 대의적 명분을 대내외에 확고히 정립·천명할 수가 있다. 즉, 국가를 위해 희생하고 공헌한 이들에 대하여 최대한의 존경과 예우를 다할 충분한 대의명분이 있는 것이다.

오늘날 우리나라 보훈이념은 이러한 역사적 배경과 국가공동체 운영의 기본 논리에 근거하여 합리적으로 정립되어 있다. 특히 나라를 위해 희생·공헌한 국가유공자들을 정성껏 섬기려는 우리나라의 보훈정책 기조와 이념, 목적 등은 헌법을 비롯하여 보훈 관계 법률을 살펴보면 그 합당성을 좀 더 명확히 확인할 수 있다. 예를 들어 우리나라는 헌법 전문을 통해 "대한국민은 3·1운동으로 건립된 대한민국임시정부의 법통과 불의에 항거한 4·19 민주이념을 계승한다"는 의지를 선언, 독립운동과 4·19 혁명의 정신을 선양하는 한편 제32조 제6항에서는 "국가유공자·상이군경 및 전몰군경의 유가족은 법률이 정하는 바에 의하여 우선적으로 근로의 기회를 부여 받는다"라고 규정하여, 보훈정책이 지향해야 할 기본방향 및 국가유공자들에 대한 예우의 구체적인 내용까지 제시하고 있다. 또「국가보훈기본법」제2조에서는 "대한민국의 오늘은 국가를 위하여 희생하거나 공헌한 분들의 숭고한 정신 위에 이룩된 것이므로 우리와 우리의 후손들이 그 정신을 기억하고 선양하며, 이를 정신적 토대로 삼아 국민통합과 국가 발전에 기여하는 것을 국가보훈의 기본이념으로 한다"고 규정하여, 국가유공자들의 위국 의지를 숭상하고 있다. 이와 함께 「국가유공자 등 예우 및 지원에 관한 법률」 제2조에서는 "대한민국의 오늘은 온 국민의 애국정신을 바탕으로 전몰군경과 전상군경을 비롯한 국가유공자의 희생과 공헌 위에 이룩된 것이므로 이러한 희생과 공헌이 우리와 우리의 자손들에게 숭고한 애국정신의 귀감으로서 항구적으로 존중되고, 그 희생과 공헌의 정도에 상응하여 국가유공자와 그 유족의 영예로운 생활이 유지·보장되도록 실질적인 보상이 이루어져야 한다"고 규정함으로써 국가유공자에 대한 예우 및 지원의지를 확고히 천명하고 있다.

이처럼 우리나라는 헌법 및 관계 법령 등을 통해 보훈의 이념과 목적, 국가유공자들에 대한 예우 의지 및 정책 방향 등을 명확히 규정함으로써 보훈제도의 체계화를 적극 추진하는 한편, 선진 보훈문화 구현을 위해 노력하고 있다. 이런 보훈이념을 구현하기 위한 보훈의 역할을 살펴볼 수 있다. 보훈의 역할과 기능은 나라를 위해 희생, 공헌한 국가유공자들의 애국정신 및 위국

의지를 숭앙하고 그에 상응한 합리적 보상기준과 제도를 마련·시행함으로써 민족정기 선양, 나라사랑정신 고취, 국가정체성을 확립하도록 한다. 또한 각계각층의 국가유공자들에게 공정한 보상기준 및 체계를 마련·실시함으로써 사회적 갈등 해소는 물론 국민통합을 이루는 역할을 한다. 특히 우리나라의 경우 북한과 대치하고 있는 군사적 상황 등을 고려할 때 보훈정책은 제2의 안보정책이라 할 만큼 중요하며, 보훈정책의 체계화·선진화를 통해 국민들의 호국의지와 안보의식을 강화하고, 위기상황 발생 시 자발적·능동적으로 대응하도록 함으로써 국가 존립 및 발전의 영속성을 구현하도록 하는 기능도 수행한다.

이와 함께 좀 더 거시적 차원에서 볼 때 보훈의 중요한 역할은 국가의 대의와 지향 가치를 확고히 정립·선양하는 데에도 크게 이바지한다는 점이다. 즉, 국가를 위해 희생·공헌한 이들에게 국가가 진심으로 감사하고 이에 보답하는 차원에서 정신적·물질적 예우와 지원을 다함으로써 국민들은 국가를 더욱 신뢰하게 되며, 국가는 그 대의를 안팎에 천명할 수 있기 때문이다. 이런 점에서 보훈이란 국기(國基)를 다지는 근간이자 초석 역할을 하며, 또한 국민들에게 공동체적 안보 의식과 민족의식, 책임 의식 등을 일깨워 국가의 항구적 존립과 발전에 적극 이바지할 수 있도록 하는 선도적 기능을 수행한다고 하겠다.*

2) 보훈정책의 미래

보훈은 국가를 위한 공헌 또는 공훈으로 간주할 수 있는 희생
이 있다는 것을 전제로 그에 상응하여 국가적 차원에서 행하는
유·무형의 물질적·정신적 보답 행위로 정리할 수 있다.** 이런 직
접적 기능에 더해 보훈이 궁극적으로 추구하는 목적은 자기 나
라와 역사에 대한 높은 자긍심을 바탕으로 솔선하여 헌신 봉사
하며, 그 공헌에 대한 인정과 공정한 평가와 그에 상응한 보답이
변함없을 것이라는 한결같은 믿음으로 나라를 위한 헌신이 명예
로운 것이 되는 사회기풍을 진작하고, 그것을 통하여 건강하고
강한 국가를 만드는 것이라고 할 수 있다.*** 이런 의미에서 보훈
정책의 역할과 위상을 인정할 수 있고, 이런 중요성을 가지는 보
훈정책이 지향하는 미래를 검토해 볼 수 있다. 보훈정책의 미래

* 국가보훈처,『보훈50년사』, 서울: 국가보훈처, 2011, 54-57쪽.
** 김종성,『한국보훈정책론』, 서울: 일진사, 2005, 21쪽.
*** 김종성,『보훈의 역사와 문화』, 서울: 국학자료원, 2012, 120쪽.

가 우리 사회 미래에 중요하게 작동할 것이기 때문이다.

미래 보훈정책을 검토해 보아야 할 이유를 좀 더 살펴보면, 글로벌화의 진전, 세계경제 질서의 재편, 새로운 안보 이슈의 등장 등 국제 정세에 대응하여 국가 경쟁력을 확보하고 장기적인 시각에서 미래 변화에 대비하는 것은 평화로운 미래 한국을 지향하는 시대적 과제이고, 보훈정책은 그 내용 중의 중요한 한 부분이기 때문이다. 특히 보훈 영역에서 보면, 보훈정책의 미래 상황은 보훈대상자 간 형평성 논란과 다양한 계층의 보훈 욕구 분출, 보훈대상자의 규모와 성격 변화, 보훈에 대한 국민 인식 변화 등 새로운 변화에 능동적으로 대처해야 하는 시대적 요청에 직면할 것으로 예상된다. 이를 위해 선진국 도약을 위한 국가 경쟁력의 원천으로서 보훈의 대내·외적인 환경 변화를 반영한 보훈정책의 새로운 영역을 전망해 보고, 발전 전략을 통해 국가의 핵심적 기능으로서의 보훈의 위상을 정립할 필요가 있다. 이런 보훈의 미래 전략은 급변하는 미래 환경에 능동적으로 대응하기 위한 기본적인 방향으로서 보훈의 미래 영역을 거시적으로 전망하고, 중장기적인 방향성을 제시하는 것으로 나타날 수 있겠다.

보훈정책의 미래를 전망하기 위하여 먼저 보훈 관련 환경변화를 살펴보겠다. 첫 번째로 보훈에 관한 국민 인식의 변화가 예상

된다. 광복과 6·25 전쟁, 월남전이 종료된 후 오랜 시간이 지나
면서 독립운동, 6·25 전쟁, 민주주의 확립 등 보훈과 관련된 중
요한 역사적 사실을 국민들은 단순히 지나간 과거로만 인식할
수 있다. 그리고 공헌성이 뚜렷한 독립유공자, 한국전쟁 사상자
등은 감소하는 데 비해, 복무 중의 경상이 보훈대상자는 급격히
증가하는 현상을 목격하게 될 가능성이 높다. 이는 국가유공자
에 대한 존경보다는 보훈을 특혜로 인식하게 되는 국민 인식의
변화를 유발할 수 있다. 즉, 공헌성이 뚜렷한 독립운동과 6·25
전쟁 참전 등과 관련한 국가유공자가 감소하고 일반 복무 중 사
고·재해·질환 대상자가 대다수를 차지하는 보훈대상자 환경변
화는 누가 진정한 국가유공자인지를 둘러싼 보훈 인식의 혼란을
가중할 수 있을 것으로 본다. 이에 국가유공자의 사회적 기여에
대한 이해와 보훈이 사회발전에 어떤 역할을 해야 할지에 대한
사회적 합의가 필요하다고 하겠다.

　다음으로 사회적 갈등의 심화와 공동체 기반의 약화를 예상해
볼 수 있다. 자본주의가 심화될수록 사회 일각에서는 경제 제일
주의, 물질 우선주의가 팽배하게 되고, 이는 공동체의식보다는
개인주의적 의식이 급속히 확산하는 요인이 될 수 있다. 이런 사
회 분위기에서는 사회적 책무보다는 자신의 권익을 중시하는 등

정신적 가치 체계의 혼란이 가속될 수 있다. 아울러 지역·계층·세대 간의 갈등이 더욱 심화되어 사회의 분열이 가속화되고, 상대에 대한 배려, 질서를 지키려는 민주시민 정신이 퇴색하는 등 사회를 지탱하는 공동체 의식의 기반이 약화할 수 있다고 본다. 이러한 문제에 대응하기 위해서는 지난 역사 속에서 독립, 국토수호, 민주발전, 산업화 등 국난을 극복하고 오늘날의 경제발전 토대를 마련한 우리 국민의 자긍심과 정체성을 긍정적으로 계승할 필요가 있다고 하겠다. 이를 위해서는 정부 기능 강화를 통해 국민통합을 이루고 민주시민 정신을 복원함으로써 굳건한 사회 공동체 안전망을 구축할 필요가 있다. 여기에 보훈이 일정한 역할을 해야 할 것으로 본다.

다음으로 국제 정세의 변화와 새로운 안보 이슈의 등장에 따른 대응이 요구될 것으로 예상한다. 현재 세계가 경제적·사회적으로 커다란 발전을 이룩한 긍정적 변화의 이면에는 국제 테러, 대량살상무기(WMD) 확산 등 새로운 안보 문제들이 국가와 개인의 안전을 위협한다는 위험이 동시에 도사리고 있다. 그리고 세계정세의 지속적인 변화 속에서 많은 변수를 갖고 있는 파병, 대북관계, 테러·핵확산 문제 등의 여건 변화는 우리나라의 세계화에 지속적인 영향을 미칠 것으로 전망된다. 보훈정책과 관련하여 보면, 군사안보에서 테러, 질병, 환경, 재난, 국제 범죄 등 인간안보 개념으로 전환되고, 안보 위협의 원천도 국가뿐만 아니라 테러리스트, 특정 집단, 국제 NGO 등으로 다원화될 전망이다. 이에 보훈의 역할을 어떤 방식으로 확대해야 하는지에 대한 합의가 필요하다고 본다.

보훈정책의 미래를 전망하기 위한 환경 변화와 관련하여 마지막으로 미래 국방환경의 변화를 들 수 있다. 21세기 지식정보기술의 발달과 더불어 군(軍)의 관리 체계는 물론 전시의 공격과 방어체제 역시 정보기술에 크게 의존하고 있는 만큼 하드웨어, 소프트웨어, 네트워크, 보안, 해킹 등 각 분야에서 정보통신기술(ICT)의 강화와 이에 따른 인력구조의 변화를 전망해 볼 수 있다. 우리 사회는 2000년대 초반 이후 사회·경제적 상황에 의하여 사회진출이 어려움에 따라 10년 이상의 복무자 제대군인은 감소하였으나, 2010년 이후 10년 및 20년 이상 복무 제대군인은 꾸준히 증가하는 추세이다. 그리고 지속적인 국방개혁에 의하여 2015년 이후 제대군인은 매년 동일 수준을 유지할 것으로 전망된다. 향후 70만 명 수준에서 50만 명 수준으로 병력이 감축됨에 따라 발생하는 잉여 병역 자원의 활용과 무기 및 장비, 정보기술의 첨단화에 따라 모병제가 확대될 것으로 전망되고, 이러한 여건을 고려할 경우 통일한국의 병역제도는 현재의 병역제도와 다른 새로운 제도로의 전환이 예상된다. 이런 변화는 제대군인정책 등 보훈정책에 커다란 변화를 불러올 수밖에 없을 것이다.

위에서는 보훈정책의 미래를 전망하기 위하여 보훈 관련 환경 변화를 간략하게나마 살펴보았다. 이런 환경 변화에 대응해서 보훈정책이 나아가야 할 방향을 살펴볼 수 있겠다. 이와 관련한 정책적 시사점을 정리해 보면, 먼저 국민적 공감을 받는 보훈정책을 수립해야 한다. 보훈에 대한 국민적 인식이 저하되는 것은 시대 변화에 따른 불가피한 현상일 수도 있으나, 보상 대상의 정예성 문제, 격에 맞는 예우와 보상 미흡, 역사 속에 전승된 보훈 관련 가치를 올바르게 승화시키지 못한 점 등의 문제도 있다. 따라서 향후 보훈대상자 유형의 구조 변화를 감안하여 보훈대상의 명칭, 분류 등을 재정비하여 그 상징성을 확고히 하고, 국가 경제력 수준에 걸맞은 영예로운 생활을 보장하는 등, 국가와 국민을 위한 희생에 대한 보훈이 사회의 기본가치로 자리매김할 수 있도록 보훈정책을 발전적으로 추진해 나가야 한다.

다음으로 국민화합과 사회통합의 정신적 토대를 구축해야 한다. 앞으로의 사회는 다양화·개별화가 급속히 확산되고 물질 우선적 사고 등으로 계층, 지역, 세대 간의 갈등 심화와 함께 공동체의식이 더욱 희박해질 것으로 전망된다. 이런 경향은 공정하고 평화로운 사회발전에 부정적으로 작용할 가능성이 크다. 사회통합을 바탕으로 국가와 사회의 안정적 발전을 도모하는 보훈 정책으로서는 이에 대한 대비가 필요하다. 이를 위해서는 민주 질서의 확립과 개인주의의 성숙, 그리고 국가의 영속적인 번영은 공동체의식을 바탕으로 해서 가능하다는 사회적 인식이 더욱 필요하다. 이런 필요성은 보훈 속에 담겨 있는 독립정신, 국토수호, 민주발전 등 공동체의 핵심 요체가 되는 정신적 가치를 사회 전반에 확산할 때 해결이 가능하다. 이런 기능이 원활히 수행될 때 국민화합과 사회통합의 토대가 마련되고 우리 사회의 미래가 보장될 것이다.

다음으로 국민 정체성 확립과 국격 향상을 위한 상징 정책 강화를 생각해 볼 수 있다. 미래에는 세계화 및 다문화 확산 등으로 현재와는 다른 사회 환경이 조성될 것으로 예상된다. 이런 환경이 부정적인 영향을 주지 않도록 하기 위해서는 부족한 국사 교육과 일부 왜곡된 역사 인식을 바로 잡아 민족적 자긍심을 함양하는 국민의식의 고양이 필요하다. 어떤 조직이나 단체도 그 조직과 단체를 위해서 희생하고 헌신한 구성원들과 가족을 돌보지 않으면 미래의 안녕과 지속적 발전을 기약할 수 없다. 이처럼 희생과 헌신에 대한 보은은 조직이나 단체를 지탱해 주는 힘의 원천이 되는 것이며, 국가의 경우 보훈이 바로 그것이다. 즉, 나라를 위해서 희생하는 이들과 그들의 가족을 돌보고 살피는 보훈은 나머지 구성원들이 마땅히 해야 할 일이다. 그런 점에서 보훈은 국가의 공동체의식과 정체성을 배양하고, 안보역량을 강화하여 국가 사회를 유지·발전시키는 고도의 상징적 국가 기능이라고 하겠다.* 보훈에 대한 이런 이론적 배경과 더불어 선양의 의미를 보면, 보훈 선양은 국가유공자의 숭고한 정신을 기리고 이들의 나라사랑정신이 국민들과 자손들에게 애국심의 귀감이 되고 항구적으로 존중되도록 계승·발전시키는 것이다. 그리고 이런 노력은 결국 나라사랑이라는 한 점으로 귀결된다. 여기서 나라사랑이란 나라를 사랑하는 마음으로 국가에 대한 사랑과 자부심, 그리고 나라를 지키려는 호국의지 등 최상의 국가이익이라고 여겨지는 바를 위해 희생을 감수하는 것이라고 정의할 수 있다. 즉, 자기 국가를 사랑하고 이 사랑을 바탕으로 국가에 대하여 충성·헌신하려는 의식이나 신념을 말한다. 따라서 보

---

* 유영옥, 『국가보훈학』, 서울: 홍익재, 2005, 138쪽.

훈선양은 국민들에게 나라사랑정신을 널리 알려 계승·발전시키는 것이 핵심이며, 이런 정신을 국가와 사회공동체 전체의 정신으로 승화시키는 일련의 과정들을 의미한다. 이를 바탕으로 보훈정책은 과거 역사 속에 나라를 지키고 국민을 보호하는 민족적 전승 사례와, 근대사의 핵심이 되는 독립운동, 국토수호, 국제평화유지, 민주사회발전 등의 가치를 종합적으로 정리하여 국민들에게 제시할 수 있어야 한다. 이런 노력을 통하여 국가의 격을 한층 높일 수 있고, 선진국으로 웅비하는 원동력이 마련될 것이다. 이런 관점에서 보훈정책이 사회통합의 응결점이 될 수 있도록 하는 상징 정책의 강화 방안 연구가 필요하다.*

다음으로 자주적 국가안보 차원의 제대군인 정책 강화가 필요하다. 현실적 안보역량 강화와 통일 후의 국제관계 속에서 자주적 국가안보를 가능케 하기 위하여 제대군인 지원정책을 강화하고, 특히 향후의 제대군인 관련 정책 수요 확대에 대비한 조직

---

* 안중현, 「한국 민족정기선양 교육 및 문화프로그램 활성화를 위한 정책적 제언」, 『정부행정』 7, 명지대학교 정부행정연구센터, 2006; 형시영, 「국가보훈의 제도적 상징성에 관한 연구」, 『국가정책연구』 25(2), 중앙대학교 국가정책연구소, 2011; 보훈교육연구원, 『나라사랑교육』, 수원: 보훈교육연구원, 2013.; 서운석, 「19대 정부 초기 선양정책 검토」, 『공공사회연구』 8(2), 한국공공사회학회, 2018.

재편 등이 검토되어야 한다. 개병제(皆兵制) 속에서 의무병 제대 군인의 취업, 교육 등의 기회 상실을 실질적으로 지원하는 제도, 모병제(募兵制) 등 새로운 병역 환경이 마련될 경우 이에 효과적으로 대응할 수 있는 보훈정책 개발이 필요하다.

마지막으로 세계 보훈 네트워크 구축과 통일국가 보훈 체계의 준비가 필요하다는 점을 지적할 수 있다. 세계 각국에 살고 있는 한국의 보훈대상 가족을 결집하고, 이들을 중심으로 한민족 공동체의식을 함양하여 조국을 사랑하는 재외동포의 의식 함양 정책 검토가 필요하다. 그리고 통일을 대비한 동질성 회복과 화해협력 기반을 조성하고, 통일 후 사회통합을 위한 보훈제도의 연구도 필요하다.

3) 보훈이념의 전환

위에서는 보훈정책의 미래를 위한 몇 가지 제안을 제시했다. 여기서는 이를 바탕으로 보훈이념의 전환에 대해서 살펴보고자 한다. 보훈이념은 보훈대상자들의 특성, 사회적 이슈의 변천과 함께 변화하는 것이다. 이와 관련하여 보훈이념의 중요한 패러다임을 정리해 보면, 1단계는 원호와 구호 차원의 생존적 욕구 해결에 초점을 맞추었던 초기의 원호 패러다임, 2단계는 국가를 위한 유공자로 인식을 전환하고 좀 더 수준 높은 물질적 보상에 초점을 둔 보상 패러다임, 3단계는 국가유공자에 대한 보상 이상의 정신적 예우에 관심을 둔 정신적 예우 패러다임, 4단계는 지금까지의 국가보훈처와 보훈대상자라는 개념을 넘어 국민의 나라사랑정신 확산에 초점을 맞춘 보훈문화 패러다임, 마지막 5단계는 통일국가와 민족공동체를 지향하는 사회통합 패러다임으로 정리해 볼 수 있다. 이런 보훈이념의 변천을 다음과 같이 도식화할 수 있다.

〈그림 1〉 보훈이념 패러다임의 변화

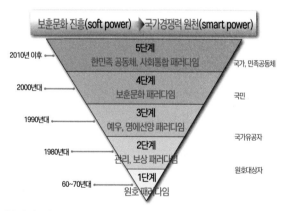

출처: 보훈교육연구원(2009: 12)

보훈정책의 미래에서도 일부 살펴보았듯이 보훈정책은 장기적으로 보훈대상자의 감소, 보훈대상의 유형과 성격 변화, 다양한 계층의 보훈 욕구 분출, 보훈에 관한 국민의 인식 변화 등을 수용할 수 있는 새로운 조직 역량과 기능 강화가 요구될 것이다. 이에 따른 보훈의 미래전략은 현재의 보훈 패러다임인 한국 내의 보훈을 넘어 세계시민으로서 평화와 인류애에 기여하고, 통일시대의 민족통합에 역점을 둔 한민족공동체, 사회통합의 새로운 패러다임으로 전환해야 한다. 이와 관련하여 특히 보훈정책 중에서도 보훈문화라는, 상대적으로 더욱 소프트(soft)한 기제를 통해 국가의 스마트파워(smart power)를 증진함으로써 국가경쟁력 강화의 원천으로서의 역할도 염두에 두어야 한다. 보훈이념을 포함하여 보훈정책이 발전해 나가야 할 방향성을 다음과 같이 요약해 볼 수 있다.

〈그림 2〉 보훈정책 발전 방향성

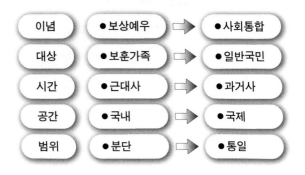

이념	●보상예우	➡	●사회통합
대상	●보훈가족	➡	●일반국민
시간	●근대사	➡	●과거사
공간	●국내	➡	●국제
범위	●분단	➡	●통일

출처: 보훈교육연구원(2009, 11)

이러한 방향에서 보훈의 사명과 역할을 다시 정리할 필요가 있다. 먼저 국가와 국민을 위한 희생을 최고의 가치로 예우하는 보훈문화의 정립이 요구된다. 국가유공자들의 영예로운 삶의 보장을 위해 국가경제 역량에 걸맞게 보상 수준을 향상해 나가야 한다. 이와 함께 숭고한 희생정신이 국민의 귀감으로 기억되고 계승·발전할 수 있도록 해야 한다. 이런 보훈이 효과적으로 정착되면 국가유공자의 기원(祈願)이 일반 시민들과 함께 하는 사회풍토가 조성될 것이다. 또 결과적으로 국가안보 능력 확보에 기여하게 될 것이다. 즉, 국가의 책무 수행에 대한 신뢰와 국민적 연대의식 함양을 통하여 자주적 국가안보의 초석을 다질 수 있게 된다는 의미이다. 그러나 이를 위해서는 세계 안보환경 변화에 대응하는 국방안보 체계의 변화와 연계하여, 제대군인 가족이 안심하는 실질적 복지제도가 실행되어야 할 것이다.

보훈의 사명과 역할과 관련하여 마지막으로 세계화의 흐름 속에서 보훈의 가치를 국민의 정신적 자산으로 승화시키는 일이 포함되어야 한다. 이런 상황은 보훈정책이 국내 사회의 계층, 지역, 세대 간의 갈등을 해소하는 공동체의식 강화에 이바지하고, 동시에 재외동포의 통합에도 공헌하는 미래를 염원하는 것이다. 이는 보훈정책이 한민족 네트워크를 통해 민족화해와 협력을 이끌어내고, 세계평화와 인류애에 이바지하는 길이라고 본다. 이와 함께 통일시대 이념적 갈등을 완화하는 핵심가치로서 과거 역사에 대한 공감적 이해와 화해적 접근으로 민족 동질성을 회복하고, 보훈제도의 합리적 조정을 통한 통일한국의 사회통합 기능을 수행할 수 있도록 하는 것이 미래 보훈의 사명과 역할이라고 생각한다.* 이런 미래 보훈의 사명과 역할을 정리하여 제시하면 다음과 같다.

---

* 보훈교육연구원, 『국가보훈 미래전략 보고서』, 수원: 보훈교육연구원, 2009, 11-13쪽.

〈그림 3〉 미래 보훈의 사명과 역할

출처: 보훈교육연구원(2009: 13)

3. 보훈과 통일의 공동 지향 모색

1) 독일이 주는 교훈

한국전쟁이 발발한 지 70년이 되었다. 70년 동안 이어진 전쟁
은 한반도 주민들에게 큰 고통과 아픔을 안겼을 뿐 아니라 동북
아 지역 군사화를 추동해 왔다. 이는 역내 긴장과 불신, 군비 경
쟁, 핵 위협까지 촉발했다. 이에 인간 안보와 지속가능한 환경
등은 자연스레 후순위로 밀렸다. 최근 몇 년간 한반도에서 일어
난 극적인 전환에도 불구하고 2020년 한반도는 여전히 위태롭
다. 남북 관계는 급격히 경색되었고, 코로나19의 전 세계적 확산

역시 한반도 정세에 큰 영향을 미치고 있다. 이런 차원에서 한국 전쟁을 끝내는 것은 한국뿐 아니라 동북아와 전 세계 평화를 위해서도 시급히 해결해야 할 문제다.

2020년은 독일 통일 30주년이 되는 해이기도 하다. 역대 대통령들은 중요한 한반도 평화 구상을 밝힐 때 독일을 무대로 활용했다. 김대중 대통령의 베를린 선언(2000), 박근혜 대통령의 드레스덴 구상(2014), 문재인 대통령의 신베를린 선언(2017) 등이 대표적인 예이다. 대통령들이 통일 관련 메시지를 던질 때, 분단을 극복하고 통일을 이룬 독일만큼 상징적인 곳이 없기 때문일 것이다. 독일이 어떻게 통일을 이루었는가는 우리의 주요한 관심거리이다. 우리나라의 통일에 많은 참고가 될 수 있다고 보기 때문이다.

많은 사람들은 독일 통일의 주체를 서독으로 보고, 서독이 동독을 흡수통일했다고 말한다. 이에 대한 논의와 연구를 살펴보면, 크게 세 가지 의견이 있다. 첫째, 1989년 11월 베를린 장벽이 무너지고 이듬해인 1990년 10월 3일 서독이 동독을 흡수통일했다는 주장이다. 국내에선 다수설이다. 이명박·박근혜 정부 때는 독일식 통일을 본보기 삼아 북한 붕괴를 전제로 흡수통일을 준비하자는 주장이 나왔다. 둘째, 독일 통일을 흡수통일로 규정하는 것은 오인이고 동독 주민에 대한 모독이란 주장이다. 이들은 동독 시민이 무혈혁명으로 동독 독재정권을 무너뜨리고 자발적 선택으로 평화통일을 이룬 것이라고 주장한다. 무혈 평화혁명은 1989년 5월 동독의 라이프치히(Leipzig) 부정선거 항의 시위에서 시작됐다. 애초 2,000명이 참여한 라이프치히 시위는 그해 가을과 겨울 동독 곳곳에서 '여행의 자유', '민주화', '독일 통일'을 요구하는 수십 만 명 규모의 시위로 커졌다. 1990년 3월 동독 국회의원 선거에서 '빠른 통일'을 공약으로 내건 정당이 압승을 거뒀고, 그해 10월 독일은 통일을 이뤘다. 독일 통일 과정을 뜯어보면, 동독은 흡수통일의 대상이 아니라 통일의 주역이었다. 동독시민이 통일의 방향과 속도를 결정했다. 2015년 독일 통일 25주년 기념사에서 당시 독일 대통령 요아힘 가우크(Joachim Gauck)는 "통일은 평화혁명에서 생겨났다. 동독인들은 두려움을 극복하고 강력한 민중운동을 통해 억압자들에게서 승리를 거두었다"고 말한 바 있다. 독일에서는 '흡수통일'이란 말 자체가 없고, 통일을 설명할 때 '가입'이나 '결합' 등의 개념을 쓴다고 한다. 실제 독일 통일은 동독 5개주가 서독 연방에 가입하는 형식으로 이뤄졌다. 셋째, '합의형 흡수통일'로 보는 주장이다. 동서독이 민주적이고 대등한 협상을 통해 이룬 평화통일이었지만, 통일 이후 통합 과정에서 심각한 문제가 발생했다는 것이다. 서독 기준에 맞춰 동서독 통합이 이뤄지면서 사실상 흡수통일이 됐다는 관점이다.*

독일 통일에 대한 견해는 다양할 수밖에 없을 것이다. 그러나 한 가지 분명한 사실은 독일 통일은 독일 주민 스스로 선택한 결과물이란 점이다. 이런 점에서 남북통일을 하려면 남한과 북한 주민의 마음을 모두 잡아야 한다는 교훈을 얻을 수 있다. 우리도 독일처럼 남한과 북한 주민의 마음을 얻어 통일을 달성할 수 있을까가 관건인 것이다. 우리는 독일에 견줘 통일 준비가 부족하고, 시간이 갈수록 국민들의 통일에 대한 열의도 식어가고 있다고 생각한다. 게다가 남쪽 사회는 남한이 정상이고 북한이 비정상이니 통일을 하려면 북한이 먼저 변해야 한다는 생각을 한다. 입장을 바꿔서 생각해 보면 북한은 북한이 정상이고 남한이 비정상이니 통일을 하려면 남한이 먼저 변해야 한다고 생각한다. 만약 지금과 같은 상태에서 통일이 된다면 독일보다 더한 갈등에 휩싸일 가능성이 크다는 것이 독일의 통일이 주는 교훈 중의

---

* 권혁철, '30년 전 동독은 '흡수통일' 됐을까?', 〈한겨레신문〉 2020.7.27, 27쪽.

하나라고 본다. 통일은 사회통합이라는 관점에서 시작하고 끝나야지 그렇지 않으면 차라리 통일하지 않는 것이 더 좋은 방안이었다고 한탄하게 될 수 있다. 이런 의미에서 보훈이 바람직한 통일에 일정한 역할을 할 수 있다. 보훈이 국민통합의 기제로서 한국사회에서 수행한 역할과 기능을 통일 영역에도 접목할 방안을 찾는 것이 그 시작이다. 이를 통해서 현실적이고 점진적인 접근 방법을 찾을 필요가 있다는 것이다.

2) 보훈과 통일의 접점 사례

민간 영역, 특히 시민사회는 정책을 제시하고 지역 협력의 토대를 마련하는 데 중요한 역할을 해 왔다. 그리고 대화는 시민사회의 중요한 강점이며, 이는 시민사회의 성공 요인이라는 점이 인정받고 있다. 정부 영역은 당연히 통일 문제의 선두에 선 주체이기에 민간 영역보다 더욱 보훈과 통일이 접하는 사례를 발굴하고 발전시켜야 할 것이다. 여기에서는 보훈과 통일의 공동 지향에 대한 모색과 관련하여 민간 영역과 정부 영역에서 보훈과 통일이 접한 최근의 사례를 살펴보고자 한다.

먼저 광복회(光復會)의 사례이다. 광복회는 일제에 의해 국권이 침탈되기 시작한 1895년 을미사변으로부터 광복 때까지 국내 외에서 일제에 항쟁하다가 순국하였거나, 옥고를 치른 사람으로 서, 정부로부터 독립유공신국훈장·독립유공건국포장·독립유공 대통령표창을 받은 사람과 그들의 유족으로서 연금을 받고 있는 사람들로 구성된 국내 유일의 독립운동사와 그 유족의 총집합체 이다. 광복회는 남북의 모든 양심세력과 함께 어깨를 겨고 친일 청산과 민족정기 선양, 통일조국 촉성에 앞장서는 것이 주요 사 업이다. 광복회가 2020년 8·15 광복 75돌을 기념해 제정한 '제1 회 광복평화상' 수상자로 미주(美洲)에서 한반도 평화운동에 헌 신해 온 이행우(89) 전 한국수난자가족돕기회 회장을 선정했다. 김원웅 광복회장은 "독립운동가들이 꿈꿨던 나라가 외세에 의 해 갈라지고 같은 민족끼리 총질을 하게 한 분단을 극복하는 의 미로 올해부터 분단 극복과 평화통일에 기여한 분을 해마다 광 복절을 맞아 광복평화상을 수여하기로 했다"며 "국외에 있으면 서 확고한 의지로 평생 고국의 평화통일을 위해 앞장서 온 이행 우 선생을 첫 수상자로 선정했다"고 밝혔다. 이행우 선생은 1987 년에 북미 관계 개선을 위해 미국퀘이커봉사회의 유엔(UN) 북한 대표부 초청과 1991년 북한 연형묵 총리 방미 재미동포 환영모 임을 추진하는 등 한반도 평화통일 운동의 선두에 늘 서 있었다는 점에서, 이 시상은 의미가 있는 일이었다.* 보훈 영역의 가장 대표적인 단체에서 선정한 상이 통일운동가에게 주어졌다는 것은 보훈과 통일이 비록 민간 차원이지만 매우 밀접한 관련이 있음을 시사하는 한 사례라고 본다.

보훈과 통일의 접점과 관련하여 다음으로 '한겨레통일문화상' 사례를 볼 수 있다. 한겨레통일문화상은 민족의 화해와 통일을 위해 힘쓴 인물에게 감사의 마음을 전하고자 1999년 제정됐다. 특히 2020년 제22회 수상자로는 〈국방부유해발굴감식단〉이 선정됐다. 한국전쟁 전사자에 대한 유해 발굴과 감식 사업이 우리 사회의 정치·이념적 차이를 넘어 광범위한 공감대 속에 20여 년간 이어져 온 인도주의 사업이라는 점에 주목할 수 있다. 특히 2018년 '9·19 남북군사합의'를 계기로 남북이 비무장지대(DMZ) 안에서 공동으로 유해 발굴을 하기로 한 점에서 이번 수상은 더 의미를 둘 수 있다. 남북 관계가 소강상태로 이어지면서 지난해 4월부터 철원 화살머리고지에서 남쪽 단독으로만 유해 발굴 사업을 시작할 수밖에 없었던 점은 안타까운 일이지만, 머지않

---

* 조현, '미주 평화통일운동 헌신한 이행우 선생 '광복평화상 첫 수상', 〈한겨레신문〉 2020.8.5, 19쪽.

아 공동 유해 발굴 사업을 통해 스러져간 생명의 소중함과 평화의 가치를 되새기고 평화와 통일의 기초가 더욱 단단하게 다져지는 계기가 될 수 있다고 본다. 국방부 유해발굴감식단은 미국의 '전쟁포로 및 실종자 확인국'(DPAA)과 함께 세계에서 두 곳뿐인 관련 전문기관으로, 한국전쟁 50주년을 기념하기 위해 2000년에 육군본부유해발굴과로 출발했다. 이후 호국보훈사업의 주체를 정부로 이관하면서 2007년 유해발굴감식단을 창설해 오늘에 이르고 있다. 2000년 이후 1만 543위의 유해와 유품 8만 2,341점을 발굴했다.* 보훈 영역에서 호국과 관련하여 가장 대표적인 사건이자 남북 갈등의 최전선 중의 하나가 6·25 전쟁이라고 할 때, 남북한 공동 유해 발굴 사업은 통일과 관련하여 남북한의 대립을 해소하면서, 동시에 남북한 유대와 협력의 끈을 제공하고 있다는 점에서 그 의미가 상당하다. 특히 보훈 영역 중 호국 영역에서의 일이라는 점이 보훈과 통일이 만나는 접점이 생각보다 더 광범위할 수 있다는 점을 시사한다. 현재 정부 영역에서는 여러 난관으로 남북문제가 꼬일 수 있으나, 이런 사례를 계속해서

---

* 이용인, 'DMZ 유해발굴로 화해·치유 위한 마중물 역할 할 것', 〈한겨레신문〉 2020.9.28, 17쪽.

발굴하고 하나씩 성공시켜 나가야 할 것이다. 이런 노력들이 독일이 주는 교훈에서도 볼 수 있듯이 남북한 주민이 모두 원하는 통일의 기반이 될 수 있다고 보기 때문이다. 광복회의 사례는 보훈이 통일을 지향할 수밖에 없는 사실을 단적으로 보여주고 있고, 국방부 유해발굴감식단의 경우는 남북 갈등의 원인이 도리어 화해의 도구가 될 수 있음을 보여주는 사례라고 본다.

3) 통일 기반 조성을 위한 보훈의 역할

글로벌 변혁기에 한국과 한민족이 선진 강국으로의 도약을 추구하는 것은 시대적 사명이고, 이를 위해서는 한반도의 통일이 필수요건이다. 통일을 통하여 선진 강국 건설을 추구하는 것이 훨씬 용이하기 때문이다. 그리고 이런 통일은 의지와 열정, 준비 여하에 따라 달라질 수 있다. 그러나 여러 조사 결과들을 놓고 보면, 우리 국민의 통일에 대한 열정은 점차 수그러드는 경향이 있다. 이런 경향은 특히 청년층에서 더욱 두드러지게 나타나고 있다. 국민들의 관심과 참여 속에 통일을 실현하기 위해서는 무엇보다도 국민들의 소극적인 통일의식이 긍정적으로 바뀌어야 한다. 즉, 통일은 사회·경제적 혼란으로 야기되는 비용보다 훨씬 큰 이득을 가져다준다는 확신과 함께, 21세기 민족의 번영과 발전, 개인의 삶의 질 향상과 행복을 위해 반드시 통일이 필요하다는 인식의 확산이 요구된다. 그러므로 이 부문에 대한 인적 역량 강화가 매우 중요한 과제가 될 수 있다. 특히 청년층에게 통일의 당위성과 필요성을 자연스럽게 받아들이게 하면서, 통일 과정과 통일 후 통합의 시대를 주도적으로 건설할 수 있도록 하는 투자 확대가 요구된다. 이런 측면에서 통일을 위한 보훈의 역할도 중요하다.

통일은 우리 민족이 반드시 추진해야 할 과제이며, 가치이다. 그러나 통일 비용과 통일 이후에 벌어질 수 있는 혼란과 갈등에 대한 우려는 통일에 대한 거부감을 키우는 가장 큰 원인이 되고 있다. 사회문화적 차원에서 통일 이후 사회 갈등의 주요 논점은 우리와 다른 체제와 문화 속에서 살아온 북한 주민을 어떻게 인식할 것이며, 어떠한 통합 과정을 거치고, 어떤 공통 이념을 토대로 정신적 유대감을 갖도록 할 것인가 하는 점이다. 독일이 통일 이후의 갈등 해소에 성공한 이유는 통일 과정이 평화적이었으며, 서독 주민들이 동독 주민들에게도 자신들과 동등한 사회 복지 지원과 대우를 해주었다는 점이 중요한 요소 중의 일부이다. 또한 민주적 가치, 보편적 가치를 중심 가치로 하여, 통합에 따른 이질감을 최소화하고 보훈정책 대상에 대한 기준 정립과 보상 방법을 명확히 하였다는 점도 중요하다.*

우리는 과거의 역사를 정확하게 이해함으로써, 현재를 더 잘 이해하게 되고, 우리 사회를 더 성숙한 사회로 만들어 갈 수 있다. 현재는 과거의 결과물이기 때문이다. 즉, 역사를 대하는 것은 과거의 사실을 바르게 이해하는 데서 출발하여, 현재를 사는 우리 사회의 성장을 보장받자는 것이다. 이는 다시 미래를 향한 바른 안목을 길러나가는 길이기도 하다. 통일을 위한 보훈의 역할을 정립하는 데에도 이런 논리가 적용될 수 있다. 보훈과 관련하여 우리 역사를 살펴보면, 우리 민족은 19세기 말의 주권 상실을 통해 민족의 독립과 자주가 얼마나 소중한 것인가를 학습하였다. 이런 경험을 교훈으로 삼는다면 21세기 새로운 국가 건설의 비전을 위한 동력으로 삼을 수 있을 것이다. 삼국시대부터 일제강점기까지 역사적으로 확인된 교훈은 주요한 시기에 미래의 비전을 세우고, 국론이 분열되지 않아야 한다는 것이다. 이를 위해서는 국가적 공감대를 형성하여 하나의 비전으로 통합해야 할

---

* 한국전략문제연구소, 『국가보훈의 역할 증진과 가치 확산 방안』, 서울: 한국전략문제연구소, 2015, 134쪽.

것이다. 우리 역사를 통하여 얻게 되는 교훈은 평화롭고 안정된 국가를 유지하기 위해서는 현실적인 실력을 키우고, 세계사의 변화에 능동적으로 동참하고, 민족 내부의 역량이 발휘되는 공동체를 구축해야 한다는 것이다. 이와 더불어 현대사의 가장 큰 아픔 중의 하나인 한국전쟁을 통한 교훈은 민족 내부의 미래지향적 각성이 발화되지 않으면 언제라도 세계적 갈등의 전초지가 될 수 있다는 점이다. 이상에서 살펴본 역사적 경험의 종합적인 결론은 공감대가 형성된 비전 있는 국가, 정당하고 합리적인 국가 건설, 진보를 위한 중심축으로서의 민족정기의 중요성이라고 할 수 있다. 이 점은 보훈에서 추구하는 목표와도 상통한다.

이런 목표를 달성하기 위한 보훈정책의 지향점은 특히 민족공동체의 수호와 발전을 위해 헌신한 사람을 합당하고 명예롭게 예우하고 지원함으로써 이들의 생활 안정과 복지 향상을 도모하고, 궁극적으로는 국민의 애국정신을 기르는 것이다. 다시 말해 보훈의 역할은 누구나 쉽게 공감할 수 있는 국가와 민족의 장기적인 비전을 제시하는 것이며, 이런 비전에는 통일이 중요한 부분으로 포함된다는 것이다. 무엇보다 사회공동체의 유지와 발전에 대한 정당한 평가 및 보상이 중요한데, 이는 국가를 위하여 희생하거나 공헌한 사람과 그 유가족의 영예로운 삶이 보장되고, 국가유공자들의 지향이 확산되고 전승되어야 한다는 의미이다. 이런 국가유공자들의 뜻이 확산되고 전승되기 위해서는 지키고 가꾸어야 할 가치와 이념을 상징화하고 이를 위한 제도와 시스템을 구축하는 것이 필요하다. 정의롭고 평화로운 방식의 민족통일을 이룩하여 명실상부한 통일독립국가를 완성하는 것이 국가유공자들의 유지(遺志)이며, 이런 유지가 우리 사회의 공동선과 공동 목적으로 귀착한다고 하겠다.

4) 통일을 위한 보훈정책 접근 방향

애초 나라사랑정신과 관련된 보훈이 통일이라는 우리 국가사회의 과제에 적극적으로 나서는 것은 논리적으로 당연한 귀결이다. 이제는 관광 유물로 기억되는 베를린 장벽에는 "모든 장벽은 언젠가는 결국 무너진다"는 글이 있다. 우리는 너무 오랫동안 장벽에 갇혀 지내고 있다. 통일이 국민통합을 통해 단합된 한 국가로 재탄생하는 것이라면, 보훈은 국민통합을 이루고 강한 국가로 가는 길을 제시하는 영역이다. 우리 사회가 갈 길을 몸소 보여준 국가유공자들의 유지를 받들어 보훈이 앞장서서 장벽을 무너뜨리는 일에 나서야 하는 까닭이다.

그러나 통일을 달성하고 두 분단국가 주민들의 국민통합을 이룬다는 것은 대단히 어려운 과제임을 독일의 사례에서 확인할 수 있다. 예를 들어 독일의 경우 비교적 성공적 통합이라는 평가를 받고 있음에도 불구하고 1990년대 중반 이후 동서독의 경제 수렴 속도가 현저하게 둔화되어, 동독 연방주의 경제발전을 위한 새로운 정책 구상이 필요하다는 의견이 제시되고 있다. 한반도의 경우에도 독일 방식의 통일을 이루려면 남북 양측의 평화 공존을 통한 통합의지가 전제되어야 하며, 그렇지 않을 경우 남북 양측이 치유하기 어려운 경제·사회적 비용을 치르게 될 가능성이 높다고 지적되고 있다. 구체적으로 보면, 명목 GDP 기준 세계 12위인 남한과 117위인 북한, 경제자유도(Economic Freedom) 세계 25위인 남한과 세계 180위인 북한이 독일식으로 통일을 이루기 위해서는 더 많은 준비를 필요로 한다는 의미이다.*

우리 민족은 오랜 세월 동안 한반도에서 실질적으로 하나의 국가를 이루고 살아왔다. 그러나 지금은 두 개의 국가로 나뉘어 교

---

* 정형곤, 「독일 통일 30년: 경제통합의 성과와 과제」, 『KIEP 오늘의 세계경제』, 대외경제정책연구원, 2020, 2쪽.

류와 협력은커녕 가족 간의 왕래조차 하지 못한 채 살고 있다. 특히 1950년 발발하여 3년 동안이나 계속된 6·25 전쟁으로 서로의 마음에 뿌리 깊은 상처를 남겨 놓은 채 남과 북은 휴전이라는 불안하기 짝이 없는 상태에서 살아가고 있다. 이러한 분단 상황은 다양한 영향을 끼칠 수밖에 없지만, 특히 남북한 주민들의 인식에 큰 영향을 미치고 있다. 주민들의 인식은 사회적으로 규정된 집단적인 가치나 문화적 가치에 견주어 그 대상자의 사회적 역할을 정형화하는데, 통일독일은 급격한 사회변동에 따른 인식 변화와 그에 따른 사회변동이 뒤따르는 역동적 순환과정을 생생하게 보여주고 있다.* 사회적 인식은 국민의식이나 국민통합에 직접적인 연관이 있고, 보훈정책의 주요한 관심 분야이기도 하다.

우리나라의 경우 분단이 이념적 대립에서 초래되었고, 특히 동족간의 전쟁으로 많은 피해가 발생하였으며, 그 당사자가 생존해 있는 상태여서 국민적 통합은 어려운 과제로 판단되고 있

---

* 서운석, 「통일·분단지역 주민의 가치인식 변화 연구-동독·서독과 중국·대만 비교를 중심으로」, 『공공정책연구』 16(2), 한국공공정책학회, 2009; 서운석, 「통일한국과 관련한 우리 국민의 동북아국가에 대한 인식 연구」, 『인문사회과학연구』 15(2), 부경대학교 인문사회과학연구소, 2014; 김상돈·서운석, 「북한 및 동북아국가 인식과 남북통일 인식간의 관련성에 관한 연구」, 『공공사회연구』 6(4), 한국공공사회학회, 2016.

다. 그리고 보훈제도는 전쟁 당사자를 대상으로 하는 국가정책인 만큼 통일 시 보훈제도의 수준 차이 등에서 오는 사회심리적 갈등은 국민통합의 큰 걸림돌이 될 수 있어 이를 미리 대비할 필요가 있다. 여기에서는 통일을 위한 보훈정책의 접근 방향을 검토해 보고자 한다.

먼저 통일을 대비한 민족동질성 회복과 화해 협력 여건 조성이 요청된다. 남북한 구성원 간에는 정치적 이념, 경제력, 사회·문화적 가치관 및 관심 등에서 다양한 차이가 존재할 수밖에 없다. 보훈정책은 통일 후에 예상되는 이러한 격차와 이질감을 해소하기 위한 통합 정책을 적극적으로 추진함으로써 하나의 조화로운 민족공동체를 조성할 수 있는 방안을 모색해야 한다. 이를 위해서는 기존 남북교류협력사업 채널을 적극적으로 활용하고, 남북 보훈 교류 협력 전담 부서를 설치하여 보훈 교류 협력의 중장기 계획을 수립·시행해야 할 것이다. 그 일환으로 우선 공통 접점을 찾기가 비교적 용이한 고구려사 및 발해사 공동연구를 비롯하여, 독립(항일)운동사 재조명 공동사업, 국외 독립운동사적지 공동 조사, 기념사업 남북 공동개최 등의 방안들을 생각해 볼 수 있다. 한(조선)민족으로서의 정체성 확인, 민족공동체의식의 강화를 위해서는 현재와 가까운 기억보다는 오래전 기억을 먼저 상기시키는 것이 순조로울 수 있다. 5천 년 역사를 이어 온 한 뿌리라는 인식을 갖도록 민족정기와 항일독립운동을 집중 부각시켜 통일 이후 민족의 동질성 회복과 민족적 통합사회 건설에 기여할 수 있는 방안들을 하나씩 찾아나가야 할 것이다. 이런 민족 동질성 회복과 화해 협력 여건 조성사업은 편의상 단계적으로 접근하는 것이 유효할 수 있다. 우선 학자 중심의 학술회의 개최, 다음으로 독립운동 등 공감대가 높은 사적·인물조사, 3단계로 독립운동 관계자 상호교류, 4단계 6·25 관련 군경의 상호 교류, 5단계 보훈 관련 대상, 조직, 기관 등의 교류를 통한 이념적 격차 해소 등의 순서로 나가는 것이 효과적일 것으로 본다.

다음으로 통일국가의 실현, 통합 보훈제도의 구상이 필요하다고 본다. 남북 화해와 통합의 중심 가치로서 보훈이 자리매김하도록 준비하고 통일 이후 상생과 공영의 가치를 실현할 수 있도록 보훈 영역에서 선제적으로 준비하자는 의미이다. 이를 위해서는 남북한 간의 보훈이념 통합을 위한 기준을 설정하고, 제도 통합을 위한 새로운 보훈이념을 정립해야 할 것이다. 남북한의 보훈제도는 이념 지향성이 매우 강하고 대상자가 이질적이기 때문에, 보훈제도 통합은 남북한의 보훈제도가 하나의 보훈이념 아래서 적용 대상자의 범위를 설정하고 지원 시스템을 구축하는 방향으로 나아가야 할 것으로 본다. 이를 위해서는 남북한의 보훈대상자를 하나로 묶을 수 있는 상징의 존재, 통일시대의 보훈이념에 맞는 새로운 보훈대상자의 범위 설정, 보상 및 복지 지원제도 개발, 적용 대상의 동질화 방안 강구 등이 요구된다.

통일한국의 보훈은 정치, 경제, 사회문화적 통합을 이룩하기 위한 기초이며, 국민의 정신적 통일을 이끌어내는 견인차 역할을 수행해야 한다. 이상의 논의를 토대로 통일을 위한 보훈정책의 접근 방향을 다음과 같이 정리해 볼 수 있을 것이다.

〈표 1〉 통일을 위한 보훈정책의 접근빙향

보훈정책 목표	▪ 통일시대에 대비한 통일국가 국민통합 기제로서의 보훈
보훈이념 정립	▪ 통일시대를 대비한 화해와 통합의 보훈제도 구상 ▪ 남북한 보훈이념 통합을 위한 기준 설정 ▪ 보훈제도 통합을 위한 새로운 보훈이념 정립
보훈제도 통합	▪ 보훈제도가 사회통합의 중요한 기제로 작동하는 방안 ▪ 대상별 보훈범위, 수준, 기준 등 제도적 통합 방안 ▪ 민족 간의 동질성 회복 방안 ▪ 이념적 갈등을 해소하기 위해 보훈 관련 사업 방안

4. 결론

2020년은 보훈 역사에서 매우 중요한 한 해였다. 우선 1910년

8월 29일 일제 강압 아래 대한제국의 통치권을 일본에 뺏긴 경술국치 110주년이었고, 3월 26일은 안중근 의사 서거 110주년이었으며, 6·25 전쟁 70주년, 1960년 발생한 4·19 혁명 60주년, 5·18 민주화운동 40주년이 되는 해였다. 또한 2020년은 독일 통일 30주년이 되는 해이기도 하다. 1990년 10월 3일, 제2차 세계대전 후의 냉전체제 아래서 연합국에 의해 강제로 분단되었던 독일이 하나의 국가로 통일된 지 어느덧 30년이 지난 것이다. 독일이 통일되기 직전까지도 전 세계인들은 독일의 통일을 한국의 통일보다 훨씬 요원한 일로 보았다. 당시 미국·소련·영국·프랑스 네 나라가 모두 반대했기 때문이다. 그런 독일이 우리보다 빨리 통일을 달성한 이유는 무엇일까? 돌이켜 생각해보면, 당시 독일은 통일을 외치기보다 실천을 하였고, 국민적 합의를 바탕으로 일관되게 추진하였기 때문이다. 어떤 정책이든 한쪽에 치우친 선택은 국론분열을 가져올 수밖에 없다. 국론분열 등 내부갈등은 통일과정에서 국외적 요인보다 더욱 힘겨운 국내적 요인이 된다. 이런 취지에서 통일과 관련하여 보훈의 의미를 다시금 새겨볼 필요가 있다고 본다. 우리는 2018년, 2019년의 전면적인 남북교류 및 잇따른 정상회담과 2020년에 얼어붙은 남북 관계 상황에서 다시금 통일의 중요성을 절감하였다. 이처럼 2020년은 통일

에 대한 새로운 인식 속에서 보훈 관련 주요 사건들의 주기행사
들을 거행하면서, 우리의 보훈 의식과 제도적·정책적 현황을 재
점검하며 새로운 통일의 경로를 모색하는 한 해가 되었다.

　「국가보훈기본법」을 보면, 대한민국의 오늘은 국가를 위하
여 희생하거나 공헌한 분들의 숭고한 정신 위에 이룩된 것이므
로 우리와 우리 후손들이 그 정신을 기억하고 선양하며, 이를 정
신적 토대로 삼아 국민통합과 국가발전에 기여해야 한다고 하
고 있다. 이런 보훈정신은 결국에는 완전한 독립과 국가발전을
위하는데서 궁극적으로 선양될 것이다. 그리고 완전한 독립국
가 건설의 출발점이 바로 통일이다. 70년을 기다려온 우리의 통
일은 한반도에서 평화를 창출하고, 민족의 장래를 위한 상생공
영의 남북 관계를 만들어 가는 과정이다. 이 과정에서 보훈이념
이 하나의 나침반이 될 수 있다. 즉, 분단의 위험성을 줄이고 상
처를 치유하며 통일 기반을 넓히는 것이 평화구조를 만드는 것
이며, 이를 위해서는 통일독일과 우리의 보훈처럼 다양한 이념
들의 평화로운 조화를 통하여 국민통합을 달성하는 것이 선결되
어야 한다. 그리고 국민적 합의를 통해 도출된 정책을 일관되고
성실하게 이행하는 과정이 차후 진행되어야 한다. 이런 차원에
서 통일과 보훈은 공유되는 이론적 영역이 있다. 사실 분단 상태

의 극복으로서의 통일은 나라를 위해 목숨을 바친 순국선열들의
뜻을 궁극적으로 이룩하는 일이기도 하다. 그러나 지금으로서는
통일의 시기와 방법을 쉽게 예측할 수는 없다. 다만 우리는 분단
국가에 살고 있으며 분단으로 인해 발생하는 크고 작은 문제들
의 해결은 궁극적으로 통일을 통해서만 달성될 수 있다는 점에
서 다양한 통일 시나리오를 설정하고 각각에 대해 철저히 준비
할 필요가 있다. 이를 위해 정부는 올바른 통일정책을 수립하고
집행해야 하며, 국민의 의견을 수렴하기 위해 노력해야 한다. 또
국민들은 올바른 통일관을 배양하고 정부의 통일정책에 대해서
는 건설적 비판과 협조를 병행하여야 한다. 그러나 무엇보다도
평화통일의 실질적 기반을 구축하고 통일한국의 미래비전을 달
성하기 위해서는 정부와 국민 간 일체감 형성이 우선되어야 한
다. 이런 점에서 통일한국을 준비하는 일은 보훈 영역에서도 중
요하다고 할 수 있다.

통일을 내다보는 보훈

서 보 혁_ 통일연구원 연구위원

통일을 포용하는 보훈의 의미

이 연구는 신선하고 미래지향적이다. 한국의 보훈정책을 통일의 관점에서 성찰하고 통일에 대비해 발전시켜 나갈 지점과 방향을 검토하고 있기 때문이다. 그동안 통념상 보훈 개념 및 정책이 체제수호, 특히 반공·반북의 관점에서 이해되어 온 것이 사실이다. 그렇기 때문에 평화통일보다는 반북 체제수호에 기여한 분들에 대한 추모와 선양을 중심으로 이해되어 온 것은 자연스러워 보일 수도 있다. 그렇지만 통일은 우리에게는 운명적인 과제이므로 보훈정책도 통일 문제를 연관 지어 생각하지 않을 수 없다. 통일의 관점에서 보훈정책을 논의할 때 당연히 통일의 방향성과 그 방식에 대한 입장에 따라 보훈정책이 영향을 받을 것이다. 통일 논의에 북한관과 대북정책 방향이 포함됨은 물론이다. 본문에서 북한 관련 논의가 3편이 되는 것은 적절하면서도 도전적이다. 본문의 또 다른 2편의 연구는 한국의 보훈정책과 통일과의 관련성을 검토하고 있다. 여기서 한국 보훈정책의 역사와 현황, 그리고 통일을 내다보며 보훈정책의 발전 방향을 논의하고 있다. 현재 법령에 의하면, 보훈의 대상이 되는 분을 '국가유공자'라고 하고 국가유공자의 요건이 되는 기준과 범위를 알 수 있다. 그에 따르면 국가유공자는 군인, 경찰, 소방공무원 등이 전투를 비롯해 국가 수호, 안전보장, 국민의 생명과 재산 보호와 관련된 직무를 수행하다 사망하거나 상이를 입은 사람을 말한다. 여기에는 순국선열, 애국지사부터 참전유공자, 4·19 혁명 사망자, 국가사회발전 관련 순직자들이 포함된다. 유공자 대상이 시기상 항일독립운동에 참여한 사람과 그 유족부터 오늘날 국가와 국민을 위해 일하다 사망하거나 순직한 군인, 경찰, 소방공무원들까지이다. 다만, 5·18 민주화운동을 비롯한 민주화·인권운동을 전개하다가 고문·시위 등으로 사망·상이한 수많은 분들에 대한 보훈에는 한계가 있다. 물론 5·18 민주화운동 희생자들에 대한 예우와 배상은 특별법으로 실시해 오고 있지만, 민주화운동 과정에서 희생당한 모든 분들이 국가보훈의 범위에 포함되어 있지 않다. 나아가 민족화해와 통일을 위해 일하다 희생당한 분들도 보훈에 포함할 당위성이 있다. 물론 그 구체적인 기준과 보훈 방법에 대해서는 별도로 검토해야겠지만, 권위주의 통치를 거쳐 통일을 준비하는 국가적 사명을 고려할 때 민주화·인권운동과 통일운동을 벌이다 희생당한 분들을 국가유공자의 범위에 포함하는 것을 적극 검토할 바이다. 만약 이런 분들을 국가보훈정책에 포함하는 것에 기존의 주된 국가유공자들의 성격과 충돌할 수 있다는 우려가 있을 수도 있다. 그렇지만 국가와 국민을 위해 직무를 수행하는 내용과 방식이 획일적으로 정해져 있는 것이 아니고, 오히려 다양한 방식으로 전개하는 것을 인정·장려하는 것이 민주국가의 보훈정책의 정체성으로 삼을 만하다.

요컨대, 한국 보훈정책에 민주화와 함께 통일 문제를 포함시켜 논의하는 것은 첫째, 분단을 극복해야 하는 한국의 특수성을 보훈정책에 반영하는 일이고, 둘째, 기존 보훈정책의 연속성 위에 미래지향적인 과제를 추진함으로써 보훈정책을 풍부하게 하는 일이자, 셋째, 보훈과 통일이 결합해 교육과 정책, 양 차원에서 국민 참여와 통합에 기여할 수 있다.

통일로 생각하는 보훈정책의 미래

통일 문제만이 아니라 보훈정책이 변화·발전해야 함은 국내외

정책 환경의 급격한 변화에서도 알 수 있다(제5장). 세계적인 경제 침체와 코로나-19 유행 등으로 공동체보다는 개인의 생존을 우선시할 수밖에 없는 현실이 가장 크게 보훈정책에 도전 요인으로 작용하고 있다. 과학기술의 발전과 인구 감소 등이 국방·안전 관련 업무에 미칠 영향도 녹록하지 않을 것이다.

앞으로 환경 및 기후위기가 심화하면서 보건, 산림, 건강, 식량 등 소위 인간안보 위협에 대응하는 과정에서 유공자들이 발생할 수 있다. 이는 일국의 보훈정책이 해당자와 공간적 범위에서 큰 변화가 일어날 가능성을 말해 준다. 가령, 한국인의 생명을 지키기 위해 외국인이 희생될 수도 있고, 외국에 체류하는 한국인―공무원이 아니라 해외상사 주재원이나 유학생일 수도 있다―이 지진 피해 외국인 구조 과정에서 희생될 수도 있다. 같은 맥락에서 한국이 아닌 곳에서 한국인이 북한주민(탈북민 포함)의 안전과 생명을 위해 힘쓰다 희생될 수도 있다.

이와 같은 보훈정책 환경의 변화는 정향, 행위자, 정책 영역 및 수단 등 전반적인 보훈 개념의 발전을 요구한다. 향후 한국 보훈정책이 통일이라는 미래, 민족공동체의 생존과 행복까지 포함해 전개해 가야 할 것이다. 보훈정책 방향에 국가 수호를 유지하되, 한국인이 관여하지만 한국에만 국한되지 않는 공동체 안전과 인간 존엄성까지 포함할 수 있을 것이다. 보훈정책의 범위가 다변화된다면 그 수행 주체는 기존의 국가기관 중심성을 유지하면서도 시민사회와의 협력관계를 형성해 시민들의 참여를 장려하는 것이 바람직할 것이다. 그에 따라 보훈정책 수단도 배상 및 예우는 물론 교육, 체험, 교류 활동이 다채로워질 수 있다. 그 결과 보훈정책은 보훈교육은 물론 유관 교육·문화·복지사업과 연계해 국민생활 속으로 들어가 그 의미와 효과가 확대될 수 있다. 그런 점에서도 보훈과 통일은 정책·교육·문화 등 다차원에서 연계효과를 기대할 수 있다.

이번 두 기관의 연구 출간 사업은 보훈과 통일의 상관성을 공유하고 향후 둘의 시너지를 구체적으로 창출해 낼 출발점으로서의 의의가 크다. 가까이는 남북 통일·화해 운동을 전개하다 희생된 분을 국가유공자, 즉 국가보훈정책의 대상으로 포함시킬 수 있느냐를 검토해볼 수 있을 것이다. 멀리는 보훈정책에 통일 문제를 어떻게 위치 짓고 정책화할 수 있느냐를 연구해 볼 만하다. 이런 논의가 보훈연구의 발전은 물론 그동안 통일연구에서 소외되었던 보훈 이슈에 대한 관심을 자극할 것으로 기대해 본다.

〔 참고문헌 〕

□ 북한 애국심의 의미와 성격 탐색 _ 김희정

〈북한 - 신문 자료〉

김순홍, '애국심을 불러 일으키는 인민생활공채', 〈로동신문〉, 2003년 5일 1
　일, 1면.

김영철, '공채구매에 애국심을 바쳐 가는 사람들', 〈로동신문〉, 2003년 6월
　10일, 4면.

김인선, '병사들의 애국심을 치하하시며', 〈로동신문〉, 2011년 8월 8일, 2면.

김진욱, '열렬한 애국심과 높은 헌신성을 발휘', 〈로동신문〉, 2012년 4월 29
　일 4면.

리금분, '고향에 대한 사랑과 불타는 애국심', 〈로동신문〉, 2012년 11월 11
　일, 2면.

리광, '살아도 죽어도 당과 수령을 위하여', 〈로동신문〉, 1997년 4월 5일, 5면.

리수정, '숭고한 애국심과 영웅주의를 노래한 명곡', 〈로동신문〉, 2012년 11
　월 1일, 4면.

리병춘, '애국의 마음을 바쳐가며', 〈로동신문〉, 2012년 7월 23일, 3면.

미상, '뜨거운 애국심을 안고 향토를 꾸리는 사업에서 선봉대, 돌격대의 영
　예를 떨치자', 〈로동신문〉, 1985년 6월 14일, 3면.

본사기자, '숭고한 공민적자각, 애국심의 발현', 〈로동신문〉, 2003년 5월 4
　일, 4면.

본사기자, '애국심의 척도', 〈로동신문〉, 2014년 11월 29일. 3면.

본사기자, '사랑과 정으로 애국심을 불러일으켜', 〈로동신문〉, 2013년 11월
　23일. 3면.

송만철, '열렬한 애국심의 발현', 〈로동신문〉, 2012년 4월 3일, 4면.

전철호, '훌륭한 가풍과 애국심', 〈로동신문〉, 2013년 11월 15일, 4면.

한원, '애국심이 낳은 자력갱생의 기풍', 〈로동신문〉, 1999년 1월 30일, 3면.

〈북한 - 기타 자료〉

과학, 백과사전출판사. 『현대조선말사전 하(제2판)』, 1981.

사회과학출판사. 『조선말대사전(증보판)』, 2007.

사회과학출판사. 『조선말대사전(증보판)』, 2017.

〈국내 - 학술지 논문〉

강혜석, 「김정은 시대 북한 통치 담론 변화와 그 함의: 〈김정일애국주의〉와
〈우리 국가제일주의〉를 중심으로」, 『국제정치논총』, 제59권 제3호,
2019.

김진수, 송성민, 「통일 담론으로서 헌법 애국주의의 제안과 검증: 헌법 애국
심과 통일의식의 관계 분석을 중심으로」, 『사회과교육』, 제58권 제3
호, 한국사회과교육연구학회, 2019.

심성보, 「애국심과 민주주의가 결합된 민주시민교육-애국주의 논쟁을 중심
으로」, 『초등도덕교육』, 제34권, 한국초등교육학회, 2010.

심성보·명지원, 「애국주의와 평화주의의 화해를 통한 평화적 애국심의 구
성」, 『한국홀리스틱융합교육학회 학술대회』(자료집), 2015.

이창희, 「김정은은 왜 1970년대식 경제선동을 불러오는가?: 1970년대 북한
경제의 재고찰」, 『현대북한연구』 제17권 제3호, 북한대학원대학교,
2014.

임상철, 「김정은 시대의 북한농업정책, 그 과제와 전망」, 『북한연구학회보』
제17권 2호, 북한연구학회, 2013.

임채욱, 「서울문화와 평양문화 10: 남북한의 애국심과 충성심」, 『北韓』, 서
울: 북한연구소, 1986년 7월호.

장준호, 「독일에서 애국주의 개념과 변천: 애국주의 패러독스를 극복하는

헤겔의 인륜적 애국심과 현재의 유쾌한 애국심을 중심으로」, 『한독
사회과학논총』, 제22권 제2호, 한독사회학회, 2012.

〈국내 - 학위논문〉
김하늘, 「한국 청년세대의 외국인 예능 프로그램 수용에 관한 비판적 연구:
'애국적 나르시시즘'의 명명 가능성을 중심으로」, 한양대학교 석사학
위논문, 2019.

〈국내 - 신문자료〉
강창욱, '북한은 어쩌다 고성장을 멈췄나⋯14% 성장률 60년대 들어 급락'〉,
〈국민일보〉 2020년 7월 27일(인터넷).
이현기, '북한, 재정난 타개책으로 '인민공채' 발행의 궁여지책', 〈자유아시
아방송〉 2020년 6월 5일(인터넷).

〈국내 - 기타자료〉
김지수, 김지혜, 김희정, 김병연, 한승대, 강호제, 김선, 조정래, 「김정은 시
대 북한 유·초·중등 교육 연구」, 『한국교육개발원기본연구』, 한국교
육개발원, 2019.
변종현, 「다문화 국가에서의 애국심의 의미와 내용」, 『한국연구재단 중견연
구자 지원사업 결과보고서』, 2017.
「북한의 경제계획과 실적」, 『두산백과』(검색일: 2020년 10월 28일).

〈국외 - 논문〉
Calhoun, C. J. (2002). Imagining solidarity: Cosmopolitanism,
constitutional patriotism, and the public sphere. Public culture,
14(1), 147-171.
Downe-Wamboldt, B. "Content analysis: method, applications, and
issues." Health care for women international, Vol. 13, No. 3(1992),

Loseke, D. R. (2009). Examining emotion as discourse: Emotion codes and presidential speeches justifying war. The Sociological Quarterly, 50(3), 497-524.

Parker, C. S. (2010). Symbolic versus blind patriotism: Distinction without difference?. Political Research Quarterly, 63(1), 97-114.

Sandelowski, M. (1986). The problem of rigor in qualitative research. Advances in nursing science, 8(3), pp. 27~37.

Tajfel, H., Turner, J. C., Austin, W. G., & Worchel, S. (1979). An integrative theory of intergroup conflict. Organizational identity: A reader, 56, 65.

□ 북한의 남한 민주화 운동에 대한 평가와 통일정책 변화_ 임상순

〈국내 - 단행본〉
강원택, 『한국정치론』, 서울: 박영사, 2019.
경남대학교북한대학원 편, 『남북한 관계론』, 서울: 한울아카데미, 2005.
김성보 외, 『북한현대사』, 서울: 웅진지식하우스, 2014.
김성철 외, 『북한 이해의 길잡이』, 서울: 박영사, 1999.
김용철 외, 『현대 한국정치의 이해』, 서울: 마인드탭, 2018.
김창희, 『남북관계와 한반도 평화』, 서울: 삼우사, 2019.
김형기, 『남북관계 지식사전』, 서울: 통일부 통일교육원, 2015.
신정현 편, 『북한의 통일정책』, 서울: 을유문화사, 1989.
양재인, 『한국의 현대정치』, 창원: 경남대학교출판부, 2005.
통일부 통일교육원, 『2020 북한 이해』, 서울: 통일부 통일교육원, 2020.
한국자유총연맹, 『남북합의서와 평화통일』, 서울: 한국자유총연맹, 1992.

〈국내 - 논문〉

차수봉, 「5.18 광주민주화운동의 헌법 이론적 고찰」, 『강원법학』 40권, 강원
　　　대학교, 2013.

형시영, 「보훈문화 확산을 위한 보훈문화진흥원 설립방안」, 『보훈연구』 제4
　　　권 2호, 보훈교육연구원, 2015.

〈북한 자료〉

교육도서출판사, 『친애하는 지도자 김정일 선생님 혁명력사』(고등중학교5),
　　　평양: 교육도서출판사, 1990.

김일성, 『김일성 저작집(14)』, 평양: 조선로동당출판사, 1981.

김일성, 『김일성 저작집(15)』, 평양: 조선로동당출판사, 1981.

김일성, 『김일성 저작집(22)』, 평양: 조선로동당출판사, 1983.

김일성, 『김일성 저작집(28)』, 평양: 조선로동당출판사, 1984.

김일성, 『김일성 저작집(35)』, 평양: 조선로동당출판사, 1990.

김일성, 『김일성 저작집(38)』, 평양: 조선로동당출판사, 1992.

김일성, 『김일성 저작집(43)』, 평양: 조선로동당출판사, 1996.

김일성, 『김일성 저작집(44)』, 평양 : 조선로동당출판사, 1996.

김정일, 『김정일 선집(14)』, 평양: 조선로동당출판사, 2000.

리순덕, 『전 민족 대단결 10대 강령은 주체의 민족관을 구현한 조국통일위
　　　업의 대강』, 평양: 사회과학출판사, 1994.

박순서 등, 『대중정치용어사전』, 평양: 조선로동당출판사, 1964.

〈국외 - 논문〉

Victor D. Cha, The Problem of Post-Cold War Policy Templates and
　　　North Korea, North Korea in Transition and Policy Choices, Seoul:
　　　Kyungnam University Press, 1999.

〈인터넷 자료〉

'고려민주연방공화국 창립방안이란', 〈통일뉴스〉(검색: 2020.8.28.)

'4·19 바로알기', 4·19 혁명기념사업회 (검색: 2020.8.24.)

'암살에 테러 ··· 막무가내식 북한 외교', 〈KBS〉(검색: 2020.8.27.)

'英 EIU, 167개국 민주주의 비교하니···한국은 세계 21위', 〈중앙일보〉(검색: 2020.8.28.)

'예우보상', 국가보훈처 홈페이지(검색: 2020.8.28.)

'통일혁명당 사건', 통일교육원 홈페이지(검색: 2020.8.25.)

〈국내 - 기타자료〉

「국가보훈기본법」(법률 제14253호)

「남북교류협력에 관한 법률」(법률 제 12396호)

〈동아일보〉〈로동신문〉〈경향신문〉〈중앙일보〉

「유엔안보리 문서 S/16743」(1984.9.17.)

□ 북한의 보훈, 그리고 한반도 통일 _ 이철

김일성, 「만경대인민들과의 상봉모임에서 한 연설, (1945년 10월 15일)」, 『김일성전집』제2권.

김일성, 「조국해방전쟁에서 희생된 인민군장병 및 빨치산들과 애국렬사들의 유자녀학원 설치에 관하여 (내각결정 제 192호 1951년 1월 13일)」, 『김일성전집』제13권.

김일성, 「유자녀학원, 초등학원, 애육원 사업을 개선할 데 대하여, (당중앙위원회 상무위원회에서 한 결론 1958년 4월 1일)」, 『김일성전집』 제21권.

김일성, 「혁명자유자녀들은 부모들의 뜻을 이어 훌륭한 혁명가가 되라. (만경대혁명학원 학생, 교직원들과 한 담화 1947년 8월 3일)」, 『김일성전집』 제6권.

김일성, 「유자녀학원, 초등학원, 애육원 사업을 개선할 데 대하여, (당중앙위원회 상무위원회에서 한 결론 1958년 4월 1일)」, 『김일성전집』 제21권.

김정일, 「혁명가 유자녀들은 당과 수령에 대한 무한한 충실성으로 혁명의 대를 굳건히 이어나가야 한다. (당중앙위원회 책임일군, 조선인민군지휘성원들과 한 담화 2007년 10월 13일, 18일)」, 『김정일선집(증보판)』 제23권.

김정은, 「혁명가 유자녀들을 선군혁명의 기둥으로 튼튼히 키우는 것은 만경대혁명학원의 기본임무이다. (만경대혁명학원을 돌아보면서 일군들과 한 담화 2012년 1월 24일)」, 단행본.

김동규·김형찬, 『북한교육사(조선교육사 영인본)』, 교육과학사, 2000.12.

한국평화문제연구소·조선과학백과사전출판사 편, 『조선향토대백과(1)』.

〈연합뉴스〉, 1999.04.22. https://news.naver.com/main/read. ?mode=LSD &mid

□ 남한의 보훈과 한반도 통일 _ 전수미

김명수, 「국가보훈제도의 헌법적 고찰」, 『공공사회연구』 6권 3호, 한국공공사회학회, 2016.

김연식, 「다원적 민주주의 사회에 국가정체성과 보훈」, 『제9회 2007년 학술논문공모 당선작 보훈학술논문집』, 국가보훈처, 2007.

김학준, 「외국의 보훈제도(대만·호주)」, 보훈교육연구원, 2005.

김형석 외, 「국가보훈대상자 인구추계 및 보훈급여금 전망: 코호트요인법을 중심으로」, 『한국보훈논총』 19(2), 한국보훈학회, 2020.

서보혁, 「인간안보에 있어서 국가의 역할 연구」, 『동북아연구』 제27권 2호, 경남대학교 극동문제연구소, 2012.

선진보훈문화탐방단, 『프랑스·독일·폴란드 선진보훈문화 탐방 결과보고서』, 2005.

신은숙, 「대학생들의 국가유공자에 대한 보훈 관련 인식도 연구」, 『한국보훈논총』 18(3), 한국보훈학회, 2019.

오일환, 「국가보훈과 국가정체성」, 『민족사상』 5권 1호, 한국민족사상학회,

2011.

이헌환, 「전환기의 보훈정책 - 국가정체성의 재정립을 위한 시론 -」, 『공법연구』 47집 4호, 한국공법학회, 2019.

전수미, 「문화국가와 한반도 : 남북문화교류 활성화를 위한 헌법적 검토」, 『북한연구학회보』 23(1), 북한연구학회, 2019.

전수미, 「북한 이탈 주민의 삶의 질 향상을 위한 법적 고찰」, 『일감법학』 44(1), 건국대학교 법학연구소, 2019.

정영훈, 「국가유공자에 대한 보상·지원의 헌법적 근거에 관한 검토」, 『법과 정책연구』 16권 3호, 한국법정책학회, 2016.

Blumenwitz, Dieter, 최창동 역, 〈분단국가의 법적 지위〉, 법률행정연구원, 1996,

Castellino, Joshua, 〈International Law and Self-determination〉, 2000,

Lauterpacht, Hersch, 〈Recognition in International Law〉, Cambridge University Press, 2012,

〈연합뉴스〉, 2019. 10. 16. '선수 변신한 목함지뢰 하재헌 중사 "남북단일팀 출전? 글쎄요"'

〈로동신문〉, 2015. 9. 12. '조선민주주의인민공화국 력사학학회 대변인 담화 '력사를 왜곡하는 비렬한 놀음으로 얻을 것은 세상의 조소와 비난 뿐이다"'

대법원 1990. 9. 25. 선고 90도1451

대법원 1996. 11. 12. 선고 96누1221

대법원 2010. 12. 9. 선고 2007도10121

헌법재판소 1990. 4. 2. 선고 89헌가113

헌법재판소 1993. 7. 29. 선고 92헌바48

헌법재판소 1995. 7. 21. 93헌가14 전원재판부결정

헌법재판소 1997. 1. 16. 선고 92헌바6, 26, 93헌바34, 35, 36(병합)

헌법재판소 1999. 7. 23. 선고 98두14525

BVerfG, 2000. 3. 14. BvR 284/96

□ 보훈과 통일의 공동 지향에 대한 모색 _ 서운석

국가보훈처, 『보훈 50년사』, 서울: 국가보훈처, 2011.

권혁철, '30년 전 동독은 '흡수통일' 됐을까?', 〈한겨레신문〉 2010.7.27.

김상돈·서운석, 「북한 및 동북아국가 인식과 남북통일 인식간의 관련성에
　　　관한 연구」, 『공공사회연구』 6(4), 한국공공사회학회, 2016.

김종성, 『한국보훈정책론』, 서울: 일신사, 2005.

김종성, 『보훈의 역사와 문화』, 서울: 국학자료원, 2012.

보훈교육연구원, 『국가보훈 미래전략 보고서』, 수원: 보훈교육연구원, 2009.

보훈교육연구원, 『나라사랑교육』, 수원: 보훈교육연구원, 2013.

서운석, 「통일·분단지역 주민의 가치인식 변화 연구-동독·서독과 중국·
　　　대만 비교를 중심으로」, 『공공정책연구』 16(2), 한국공공정책학회,
　　　2009.

서운석, 「통일한국과 관련한 우리 국민의 동북아국가에 대한 인식 연구」,
　　　『인문사회과학연구』 15(2), 부경대학교 인문사회과학연구소, 2014.

서운석, 「19대 정부 초기 선양정책 검토」, 『공공사회연구』 8(2), 한국공공사
　　　회학회, 2018.

안중현, 「한국 민족정기선양 교육 및 문화프로그램 활성화를 위한 정책적
　　　제언」, 『정부행정』 7, 명지대학교 정부행정연구센터, 2006.

유영옥, 『국가보훈학』, 서울: 홍익재, 2005.

이용인 'DMZ 유해발굴로 화해·치유 위한 마중물 역할 할 것', 〈한겨레신
　　　문〉 2020.9.28.

정형곤, 「독일 통일 30년: 경제통합의 성과와 과제」, 『KIEP 오늘의 세계경

제』 20(23), 대외경제정책연구원, 2020.

조현, '미주 평화통일운동 헌신한 이행우 선생 '광복평화상' 첫 수상', 〈한겨
　　레신문〉 2020.8.5.

한국전략문제연구소, 『국가보훈의 역할 증진과 가치 확산 방안』, 서울: 한국
　　전략문제연구소, 2015.

형시영, 「국가보훈의 제도적 상징성에 관한 연구」, 『국가정책연구』 25(2), 중앙
　　대학교 국가정책연구소, 2011.

보훈교육연구원 보훈문화총서05

통일로 가는 보훈

등록 1994.7.1 제1-1071
1쇄 발행 2020년 12월 31일

기 획 통일연구원 · 보훈교육연구원
지은이 이찬수 김희정 임상순 이철 전수미 서운석 서보혁
펴낸이 박길수
편집장 소경희
편 집 조영준
관 리 위현정
디자인 이주향
펴낸곳 도서출판 모시는사람들
03147 서울시 종로구 삼일대로 457(경운동 수운회관) 1207호
전 화 02-735-7173, 02-737-7173 / 팩스 02-730-7173

인 쇄 (주)성광인쇄(031-942-4814)
배 본 문화유통북스(031-937-6100)
홈페이지 http://www.mosinsaram.com/

값은 뒤표지에 있습니다.
ISBN 979-11-6629-014-5 04300
세트 979-11-6629-011-4 04300

* 잘못된 책은 바꿔 드립니다.
* 이 책의 전부 또는 일부 내용을 재사용하려면 사전에 저작권자와 도서출판 모시는사람들의 동의를 받아야 합니다.

이 도서의 국립중앙도서관 출판예정도서목록(CIP)은 서지정보유통지원시스템 홈페이지(http://seoji.nl.go.kr)와 국가자료공동목록시스템(http://www.nl.go.kr/kolisnet)에서 이용하실 수 있습니다.(CIP제어번호:CIP2020055117)

이 책의 내용은 필자의 개인적인 의견이고, 보훈교육연구원/통일연구원의 공식적인 입장과는 관련이 없습니다.